2012〜2013年度

アジアビジネス ベストパートナー
ASEAN編

ブレインワークス 編著

カナリア書房

はじめに

　2007年に始まった世界金融危機からはや5年が経過しようとしているが、日本を含む先進諸国は未だにその後遺症に悩まされ、浮上のきっかけもつかめない状況にある。日本にフォーカスすると、少子高齢化、長引く内需低迷に加え、円高も相まって、大企業のみならず中小企業においても海外展開を視野に入れないことには企業の存続にかかわるようになってきているといえよう。既に多くの日本企業が海外、特に世界的な不況の中でも堅調に成長を続けるアジアへのシフトは急速に進んでいる。2012年3月にジェトロ（日本貿易振興機構）が公表したアンケート調査では、海外拠点を持つ企業の割合が半数を超え、中小企業でも4割を超えるという。中でも進出済み企業の7割以上が中国に拠点を構え、今後のビジネス推進についても製造拠点の設立、研究開発拠点、更には販売先としても中国を強化する声がもっとも大きかった。

　ところが、2012年8月から始まった中国での反日運動は、これまで言われていた「チャイナ・リスク」を顕在化させる出来事であり、特に資金に余裕のない中小企業にとっては大きな転機となりうるインパクトを持つ。そこで注目されるのが、これまでも「チャイナ・プラス・ワン」として名前の挙がってきたタイ、ベトナム、フィリピン、インドネシアを含めたアセアンの新興国である。アセアン諸国と日本の関係は概ね良好であり、第2次大戦後、日本政府がすべてのアセアン諸国に対してＯＤＡや経済協力を積極的に進めてきたこともあり、日本企業の進出を歓迎している。

はじめに

　一方、日本人にとっても、アセアン諸国のビジネス環境については知らない人のほうが多い。アセアンは 10 カ国あり、それぞれの国に特徴があることから、実際に進出国を決める際には複数の国を比較したいという経営者が多い。そして未知の国への足がかりには、日本人のこと、日本企業のことを知る現地のエキスパートを水先案内人にという意見も多い。

　本書は、2008 年と 2010 年発刊した「ベトナム進出ベストパートナー 50」のシリーズである。今回は「アセアン進出ベストパートナー 50」と銘打って、アセアン 10 カ国への進出におけるよきパートナーを紹介している。掲載企業はいずれも各国のエキスパートとして、アセアン進出を果たそうと志す経営者の方を手厚くサポートしてくれよう。また、まだ知らないアセアン諸国を知る手がかりとして、第 1 章にアセアン 10 カ国の基礎データと概況について簡単に紹介している。各国別の比較などにも生かしていただければ幸いである。

　一人でも多くの方が、本書を通じてアセアン地域でのビジネス推進に向けてよき現地パートナーとともに成長してくださされば、それに勝る喜びはない。

2012 年 10 月
株式会社ブレインワークス

■■■ アジアビジネスベストパートナー　ASEAN編　2012〜2013年度●目次 ■■■

はじめに ……………………………………………………………………… 02

第1部　アセアン各国概況

フィリピン ……………………………………………………………… 08
インドネシア …………………………………………………………… 10
シンガポール …………………………………………………………… 12
マレーシア ……………………………………………………………… 14
ベトナム ………………………………………………………………… 16
カンボジア ……………………………………………………………… 18
ラオス …………………………………………………………………… 20
タイ ……………………………………………………………………… 22
ミャンマー ……………………………………………………………… 24
ブルネイ ………………………………………………………………… 26

第2部　アジアビジネスベストパートナー50社

NAC国際会計グループ ………………………………………………… 30
ヒューマンリソシア株式会社 ………………………………………… 32
J-SAT Consulting Co.,Ltd. …………………………………………… 34
Harmony Life International Co., Ltd. ……………………………… 36
Brain Works Asia Co.,Ltd. …………………………………………… 38
株式会社エイジア ……………………………………………………… 40
優成監査法人／優成アドバイザリー株式会社 ……………………… 42
FUJI COMPUTER NETWORK CO., LTD.（FUJINET） ……………… 44

A.I.Network（Thailand）Co.,Ltd. 46
ソルバーネットワーク株式会社 48
ジー・エー・コンサルタンツ株式会社 50
AMZ Group 52
インターナショナルエクスプレス株式会社 54
Nhat Tinh Viet Joint Stock Company 56
Matching & RelationShip Consulting Co.,Ltd. 58
Indonesia Research Institute Japan Co.,Ltd. 60
黒田法律事務所・黒田特許事務所 62
BECAMEX IDC CORP. 64
サイボウズ株式会社 66
フィリピン和僑総研 68
株式会社アセンティア・ホールディングス／
　Assentia Holdings Pte.Ltd. 70
PT.INDONUSA COMPUTER SYSTEM 72
ASSET PREMIER - Asia Network Research Sdn. Bhd. 74
株式会社ジャパン・ファームプロダクツ 76
ASEAN JAPAN CONSULTING Co.,Ltd. 78
Prime Business Consultancy Pte Ltd
（プライムビジネスコンサルタンシー株式会社） 80
UTAKA CPA Office 82
Asia ICT Service JSC 84
ISAMI Myanmar International Co.,Ltd. 86
グローバル イノベーション コンサルティング株式会社 88
ATLAS TRADING & PROPERTY（THAILAND）CO.,LTD. 90
PAN ASIA Co.,Ltd. 92
ラジャ・タン法律事務所（Rajah & Tann LLP） 94
SOLPAC（Thailand）Co.,Ltd. 96
MUTO MANAGEMENT ACCOMPANY VIETNAM CO., LTD.（MMAV） 98
東稔企画株式会社 100

Go Asia Offices Pte. Ltd.（Go Asia Offices. Com） ·················· 102
MOTHER BRAIN（THAILAND）CO., LTD. ································ 104
株式会社 RESORZ ··· 106
株式会社コーデック ·· 108
Nakai・Tam International Accounting Office ························ 110
SkyLimited 株式会社 ·· 112
LCT Lawyers ·· 114
KURATA PEPPER Co., Ltd. ··· 116
PT. JAKARTA DENSHI ·· 118
iCube, Inc.（アイキューブ）··· 120
CENTRASIA PARTNERS Pte. Ltd.
　（セントレイジア パートナーズ）······································· 122
FUJINAMI CONSTRUCTION CONSULTANT CO., LTD. ··················· 124
JB LEGAL CONSULTANCY CO., LTD. ·· 126
ミャンマーポールスター　トラベル＆ツアーズ ······················ 128

索引

提供サービス別 ··· 130
対応国別 ··· 133

第1部
アセアン各国概況

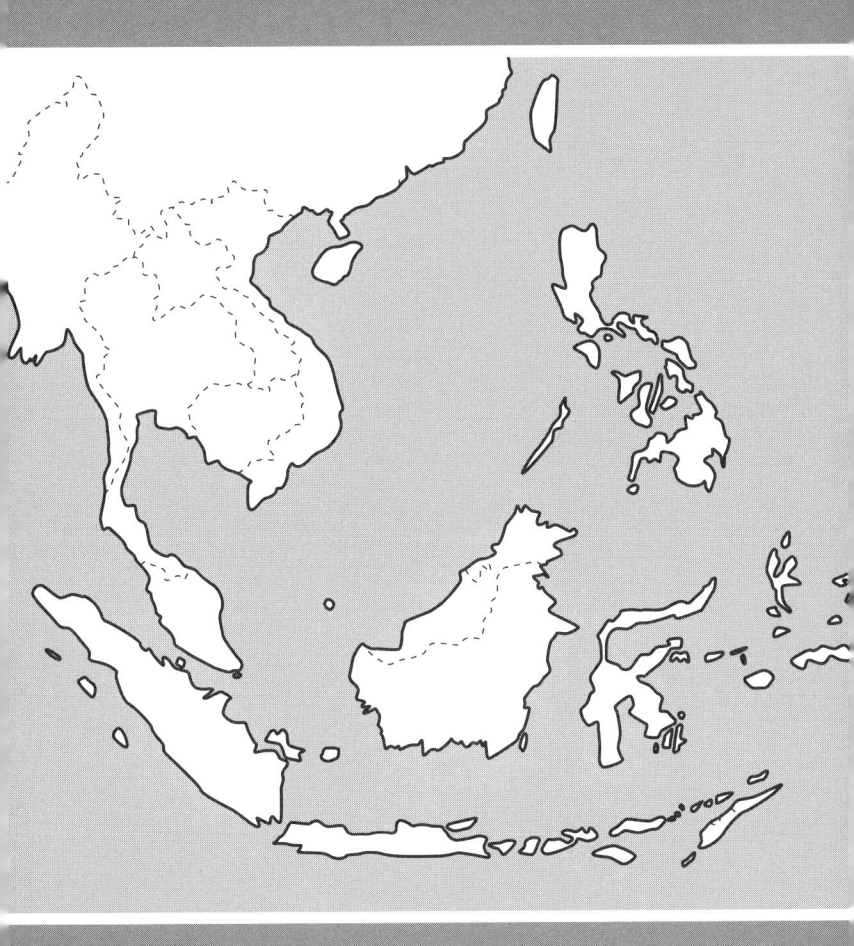

フィリピン

国名	フィリピン共和国 ［Republic of the Philippines］
総面積	300,000 平方キロメートル
人口	9,586 万人 ［2011 年］
人口密度	319.5 人／平方キロメートル
首都	マニラ
主要都市	ケソンシティ、カルーカン、ダバオ、セブ
気候	マニラ［熱帯性気候、最高平均気温 34℃ (4 月)、最低平均気温 24℃ (1 月)］
公用語	フィリピノ語、英語
民族	マレー系（過半数）、中国系、スペイン系、少数民族
宗教	カトリック、その他のキリスト教、イスラム教
政治体制	立憲共和制
通貨	ペソ
為替レート	1 ドル＝ 43.928 ペソ ［2011 年末］
名目 GDP	2,247 億 5,400 万ドル ［2011 年］
1 人あたり名目 GDP	2,223 ドル ［2011 年］
実質 GDP 成長率	3.7% ［2011 年］
消費者物価上昇率	4.7%（前年度＝ 100）［2011 年］
主要産業	農林水産業
経常収支	70 億 7,800 万ドル ［2011 年］
貿易収支	－ 154 億 5,000 万ドル ［2011 年］
輸出額	480 億 4,200 万ドル（対日輸出：88 億 6,500 万ドル、18.5%） ［2011 年］
輸入額	601 億 4,400 万ドル（対日輸入：65 億 1,000 万ドル、10.8%） ［2011 年］
直接投資受入額	59 億 1,300 万ドル（日本：1 億 7,600 万ドル、3.0%） ［2011 年］
日系企業進出数	1,171 社 ［2011 年 10 月時点の在フィリピン大使館調べ］
在留邦人数	17,702 人［2011 年 10 月 1 日時点の 3 ヶ月以上の在留届提出数］
法人税率	32%
個人所得税率	5 〜 33%
付加価値税	10%

出所：外務省ホームページ（http://www.mofa.go.jp/mofaj/area/vietnam/data.html）JETRO ホームページ（http://www.jetro.go.jp/world/asia/vn/basic_01/)、アセアンセンターホームページ（http://www.asean.or.jp/ja/asean/know/country/vietnam/invest)。いずれも 2012 年 9 月末時点の情報を参照。

〈政治・経済〉

　16世紀から19世紀末までがスペイン、第2次世界大戦終了までアメリカの植民地という時代が長く続いたが、1946年に独立を果たし、共和制に移行した。戦後、反共の砦としてアメリカから軍事的、政治的な支援を受けてマルコス政権下で開発独裁を進め、1960年代には東南アジアで最も豊かな国と言われた。しかし、1980年代より頭打ちになり、マルコス政権が瓦解すると、共産主義勢力やイスラム勢力との内紛が激化したことに伴い、外資系企業の投資も停滞した。近年は内紛も和解が進み、徐々に外資企業の投資も戻りつつあり、英語圏の強みと安価な人件費を生かしたコールセンターやBPOで脚光を浴びつつある。また、1000万人を超えると言われる海外在住労働者による送金が経常収支を支えている側面もある。

〈歴史・文化・風土〉

　ルソン島・ヴィサヤス諸島・ミンダナオ島などを中心に、大小合わせて7,109の島々から成る島嶼国家であり、日本、台湾、マレーシア、インドネシア、ベトナムと海を挟んで接している。国土面積は日本の約8割、気候は熱帯海洋性、季節は暑季、雨季、乾季の3つがある。民族はマレー系が主体であるが、他に中国系、スペイン系及びこれらとの混血や少数民族で構成される。アセアンでは唯一のキリスト教国で、国民の約90％がカトリックまたはプロテスタントの信者である。欧米植民地時代が長かった影響で、アメリカ文化やスペインを代表するヨーロッパ文化、フィリピン固有の生活文化が混合した独自の文化が育まれた。

〈日本との関係〉

　両国が交易を始めた記録は豊臣秀吉による朱印船貿易であり、この時代はマニラなどに日本人町が作られたが、江戸時代の鎖国令によって衰退・消滅した。明治時代に入るとダバオに日本人街が形成され、一時期は人口1万人を越えたが、第2次世界大戦が始まると街は激戦地となり壊滅した。太平洋戦争の激戦地になった影響でフィリピン人死者数は110万人を超え、その後の日比関係に大きく影を落とし、フィリピンにおける対日感情が改善しない影響で二国間の通商条約の批准は1973年までかかった。日本は戦争の賠償金として1900億円以上支払っているほか、戦後補償の意味合いも込めた援助供与が積極的に行われた。以後フィリピンにとって日本は最大の援助供与国、かつ投資国となり、現在では両国間の外交摩擦はほとんど見られない。

インドネシア

国名	インドネシア共和国［Republic of Indonesia］
総面積	1,910,931 平方キロメートル
人口	2億3,764万人　［2010年］
人口密度	124.4人／平方キロメートル
首都	ジャカルタ
主要都市	スラバヤ、バンドゥン、メダン
気候	ジャカルタ［熱帯性気候、最高平均気温33℃(9月)、最低平均気温24℃(2月)］
公用語	インドネシア語
民族	大半がマレー系（ジャワ、スンダ等約300種族）
宗教	イスラム教、ヒンドゥー教、キリスト教
政治体制	共和制（大統領責任内閣）
通貨	ルピア
為替レート	1ドル＝ 9,068ルピア　［2011年末］
名目GDP	8,343億3,500万ドル　［2011年］
1人あたり名目GDP	3,469ドル　［2011年］
実質GDP成長率	6.5%　［2011年］
消費者物価上昇率	3.79%（前年度＝ 100）　［2011年］
主要産業	製造業、農林水産業、サービス業、鋼業
経常収支	20億6,900万ドル　［2011年］
貿易収支	353億4,800万ドル　［2011年］
輸出額	2,036億1,700万ドル(対日輸出：337億1,500万ドル、16.6%)　［2011年］
輸入額	1,772億9,900万ドル(対日輸入：194億3,700万ドル、11.0%)　［2011年］
直接投資受入額	194億7,500万ドル（日本：15億1,610万ドル、7.8%）　［2011年］
日系企業進出数	1,007社　［2010年時点のJETRO調べ］
在留邦人数	12,469人［2011年10月1日時点の3ヶ月以上の在留届提出数］
法人税率	10～30%
個人所得税率	15～20%
付加価値税	10%

出所：外務省ホームページ（http://www.mofa.go.jp/mofaj/area/vietnam/data.html） JETROホームページ（http://www.jetro.go.jp/world/asia/vn/basic_01/）、アセアンセンターホームページ（http://www.asean.or.jp/ja/asean/know/country/vietnam/invest）。いずれも2012年9月末時点の情報を参照。

〈政治・経済〉

　1949年にオランダから独立後、スカルノ政権下では国内政情が不安定であったが、1968年にスハルト政権下で約30年に及ぶ長期の実質的な独裁政権下でインフラストラクチャーの充実や工業化などにより一定の経済発展を達成することに成功した。1997年7月のアジア通貨危機でスハルト政権は崩壊したが、新政権はIMFとの合意に基づき、銀行部門と企業部門を中心に経済構造改革を断行し、政治社会情勢及び金融の安定化をもたらした。更には個人消費の拡大を背景として、2001年に3.6%であった経済成長率は2005年以降5%後半〜6%台を達成した。2009年の世界金融・経済危機の影響は受けたものの、現在も堅調な経済成長を続け、2010年には一人当たり名目GDPが3,000ドルを突破した。同国では2025年までに、名目GDPを2010年比で約6倍に増加させ、世界の10大経済大国となる目標を掲げている。

〈歴史・文化・風土〉

　アセアン最大の国土と人口を持つインドネシアは、赤道に沿って18,110の島々からなる島嶼国家である。気候は国土のほとんどが熱帯に属し、年間を通じて高温多湿、雨季と乾季の二季がある。民族の多数はマレー系（ジャワ人、スンダ人、マドゥラ人など）であるが、他に約300の民族で構成され、それぞれの島や地域は独自の文化を持っている。国民の7割以上がイスラム教徒であり、世界最大のイスラム教徒人口を抱える。公用語はインドネシア語であるが、日常に使用するのは3,000万人程度、それぞれの地域で語彙も文法規則も異なる583以上の言葉が日常生活で使われているものの、インドネシア語を第二言語として話せる人の割合は多い。

〈日本との関係〉

　江戸時代、日本はオランダの植民地であったジャワと交易を行っていた。第2次世界大戦中は日本軍による占領下にあったが、終戦後の独立戦争の際には独立を約束していた旧日本兵が協力した記録も残っている。独立後の1954年から工業、運輸通信、農業、保健といった分野で研修員受け入れにより経済協力が開始し、人材育成や経済社会インフラの整備などを通じてインドネシアの開発に大きく寄与してきた。また、インドネシアは日本にとって液化天然ガス、石炭、石油などの重要なエネルギー供給国である。インドネシアにとっても日本は最大の貿易国であり、経済上の相互依存関係を背景に、両国の友好協力関係は近年、一層緊密化している。

シンガポール

国名	シンガポール共和国［Republic of Singapore］
総面積	710.3 平方キロメートル
人口	518万3,700人　［2011年］
人口密度	7,297.9人／平方キロメートル
首都	－
主要都市	－
気候	シンガポール［熱帯性気候、最高平均気温32℃(5月)、最低平均気温23℃(1月)］
公用語	英語、中国語、マレー語、タミール語
民族	中国系（74.1%）、マレー系（13.4%）、インド系（9.2%）、その他（3.3%）
宗教	仏教、イスラム教、ヒンズー教、道教、キリスト教
政治体制	立憲共和制
通貨	シンガポール・ドル
為替レート	1ドル＝1.3007シンガポール・ドル　［2011年末］
名目GDP	3,268億3,200万ドル　［2011年］
1人あたり名目GDP	49,271ドル　［2011年］
実質GDP成長率	4.9%　［2011年］
消費者物価上昇率	5.2%（前年度＝100）［2011年］
主要産業	製造業、商業、ビジネスサービス、運輸・通信業、金融サービス業
経常収支	569億8,900万ドル　［2011年］
貿易収支	674億5,300万ドル　［2011年］
輸出額	4,092億4,600万ドル（対日輸出：183億8,200万ドル、4.5%）　［2011年］
輸入額	3,654億5,000万ドル（対日輸入：262億800万ドル、7.2%）　［2011年］
直接投資受入額	640億300万ドル（日本：38億4,500万ドル、6.0%）　［2011年］
日系企業進出数	734社　［2011年10月時点の商工会登録数］
在留邦人数	26,032人［2011年10月1日時点の3ヶ月以上の在留届提出数］
法人税率	24%
個人所得税率	4～22%
付加価値税	4%（消費税）

出所：外務省ホームページ（http://www.mofa.go.jp/mofaj/area/vietnam/data.html）JETROホームページ（http://www.jetro.go.jp/world/asia/vn/basic_01/）、アセアンセンターホームページ（http://www.asean.or.jp/ja/asean/know/country/vietnam/invest）。いずれも2012年9月末時点の情報を参照

〈政治・経済〉

　イギリス植民地から独立した1963年はマレーシア連邦に属していたが、マレー人優遇政策に反発し、1965年にマレーシアから分離独立して都市国家として成立した。政治的には人民行動党の事実上の一党独裁制であり、野党の存在は認められているが、その言論は大きく制限されている。一方で、2011年の一人当たりのGDPは49,271ドル、富裕世帯の割合が世界で最も高く、アセアンで最も経済発展した国である。産業としては海運産業や航空産業、エレクトロニクスや医薬品を中心とする製造業が盛んである。また、英語や中国語が公用語であることから、多国籍企業がアジア太平洋地域の拠点に置くことが多く、近年は東南アジアの金融センターとして不動の地位を保っている。

〈歴史・文化・風土〉

　東南アジアのほぼ中心に位置し、北のマレー半島とはジョホール海峡で隔てられている。国土面積は東京都とほぼ同じ広さで63の島からなるが、シンガポール島以外はいずれも小さく、44の島は面積が1平方kmを下回る。一年を通じて高温かつ多湿のモンスーン地帯に含まれ、年平均気温は27.4度、雨季と乾季の区別がはっきりしないくらい、年間を通じて安定した気候である。高低差の少ない狭い国土で水源に乏しいため、隣国マレーシアよりパイプラインで原水を購入している。民族は中華系が74.1%を占め、マレー系が13.4%、インド系が9.2%と複合民族国家のため、公用語も英語、マレー語、中国語、タミル語の4つがある。

〈日本との関係〉

　二国間関係は極めて良好であり、1970年代後半以降の工業化推進の過程では、多くの分野において日本の経験が参考とされた。また、早くから日本人や日本企業も進出しており、アセアンではタイに次いで2番目に多い。現在、先進国となったシンガポールとの間では日・シンガポール経済連携協定等、先進的な取組が行われており、2002年に署名された「日本・シンガポール新時代経済連携協定」は日本が初めて結んだ経済連携協定である。2006年には、日・シンガポール外交関係樹立40周年を迎え、両国で文化行事等が開催された。

マレーシア

国名	マレーシア［Malaysia］
総面積	329,735 平方キロメートル
人口	2,855 万人［2011 年］
人口密度	86.6 人／平方キロメートル
首都	クアラルンプール
主要都市	クラン、ジョホールバール
気候	クアラルンプール［熱帯性気候、最高平均気温 33℃ (4 月)、最低平均気温 23℃ (1 月)］
公用語	マレー語
民族	マレー系（約 67%）、中国系（約 25%）、インド系（約 7%）
宗教	イスラム教、仏教、ヒンドゥー教、キリスト教
政治体制	立憲君主制
通貨	リンギ
為替レート	1 ドル= 3.1770 リンギ［2011 年末］
名目 GDP	2,786 億 7,100 万ドル［2011 年］
1 人あたり名目 GDP	9,700 ドル［2011 年］
実質 GDP 成長率	5.1%［2011 年］
消費者物価上昇率	3.2%（前年度= 100）［2011 年］
主要産業	製造業、農林業（天然ゴム、パーム油、木材）、鉱業（錫、原油、LNG）
経常収支	319 億 8,500 万ドル［2011 年］
貿易収支	393 億 1,900 万ドル［2011 年］
輸出額	2,269 億 7,700 万ドル(対日輸出：261 億 3,300 万ドル、11.5%)［2011 年］
輸入額	1,876 億 5,800 万ドル(対日輸入：213 億 4,700 万ドル、11.4%)［2011 年］
直接投資受入額	107 億 7,300 万ドル(日本：31 億 7,700 万ドル、29.5%)［2011 年］
日系企業進出数	1,407 社［2011 年 1 月時点の商工会登録数］
在留邦人数	10,401 人［2011 年 10 月 1 日時点の 3 ヶ月以上の在留届提出数］
法人税率	28%
個人所得税率	0 〜 28%
付加価値税	なし

出所：外務省ホームページ（http://www.mofa.go.jp/mofaj/area/vietnam/data.html）JETRO ホームページ（http://www.jetro.go.jp/world/asia/vn/basic_01/）、アセアンセンターホームページ（http://www.asean.or.jp/ja/asean/know/country/vietnam/invest）。いずれも 2012 年 9 月末時点の情報を参照。

〈政治・経済〉

　1957年にイギリスの植民地からマラヤ連邦として独立後、1963年にシンガポール、北ボルネオ、サワラクを編入してマレーシア連邦となった。1965年にシンガポールは分離したが、政体は現在まで立憲君主制であり、国王は13州の内9州にいる首長（スルタン）による互選で選出され、任期5年で内閣の補佐を受けて行政を担当する世界でも珍しい国王制度である。天然資源に恵まれ、かつてはゴムと錫中心のモノカルチャー経済であったが、1970年以降、外資の積極的な導入により製造業を中心に工業化を推進し、著しい経済成長を遂げた。現在は2020年までに先進国入りをめざす経済社会開発構想「ビジョン2020」による長期開発政策を推進している。

〈歴史・文化・風土〉

　マレー半島南部とボルネオ島北部を領域とし、隣接国はタイ、シンガポール、ブルネイ、インドネシア、フィリピンである。気候はマレー半島の西海岸と東海岸、ボルネオ島など、地域毎に若干異なるが、国全体として赤道に近く、熱帯に属し、雨季と乾季の二季常夏の気候である。国内はイスラム教を中心としたマレー文化と、中国文化、ヒンドゥー文化といった多様な文化が複雑に入り混じって並存する多民族国家である。人口比では、マレー系が約67％と多数を占め、華人系が約25％、インド系約7％となっている。マレー系にはサラワク州やサバ州などの先住民も含まれている。イスラム教が国教であり、マレー系を中心に広く信仰されている。国語および公用語はマレーシア語であるが、英語は準公用語として広く使用されている。

〈日本との関係〉

　マレーシアと日本の関係は、鉄砲伝来がマラッカを由来していることが一番初めになるが、その後は第2次世界大戦中の日本軍の占領時代になる。戦後の両国は、東方政策を提唱したマハティール政権時より、直接投資や貿易、技術協力等を通じた良好な経済関係、人材育成分野における協力等に支えられ、緊密な友好関係を築いている。日本はマレーシアからの留学生や研修員の受入れに積極的に協力し、これまでに13,000名以上を受け入れるとともに、予備教育のための教員の派遣や機材供与等の協力を行った。日本を紹介する文化事業に加えて、6万人を集める盆踊り大会など草の根レベルでの交流も活発に行われている。

ベトナム

国名	ベトナム社会主義共和国 ［Socialist Republic of Viet Nam］
総面積	331,689 平方キロメートル
人口	8,784 万人　［2011 年］
人口密度	264.8 人／平方キロメートル
首都	ハノイ
主要都市	ホーチミン、ダナン、カントー、ハイフォン
気候	ハノイ［温帯性気候、最高平均気温 33℃（6月）、最低平均気温 14℃（1月）］ ホーチミン［熱帯性気候、最高平均気温 35℃（4月）、最低平均気温 21℃（1月）］
公用語	ベトナム語
民族	キン族（86%）、53 の少数民族（ムオン族、チャム族、モン族、ザオ族など）
宗教	仏教、カトリック、プロテスタント、イスラム教、カオダイ教、ホアハオ教
政治体制	社会主義共和国
通貨	ドン
為替レート	1 ドル＝ 20,828 ドン　［2011 年末］
名目 GDP	1,236 億ドル　［2011 年］
1 人あたり名目 GDP	1,374 ドル　［2011 年］
実質 GDP 成長率	5.9%　［2011 年］
消費者物価上昇率	18.6%（前年度＝ 100）　［2011 年］
主要産業	農林水産業、鉱業、軽工業
経常収支	－ 6 億ドル　［2011 年］
貿易収支	－ 98 億 4,400 万ドル　［2011 年］
輸出額	969 億 600 万ドル（対日輸出は　107 億 8,100 万ドル、11.1%）　［2011 年］
輸入額	1,067 億 5,000 万ドル（対日輸入は　104 億ドル、9.7%）　［2011 年］
直接投資受入額	1,469 億 6,000 万ドル（日本は 2010 年、24.4 億（認可額））　［2011 年］
日系企業進出数	940 社　［2010 年 12 月時点の商工会登録数］
在留邦人数	9,313 人　［2011 年 10 月 1 日時点の 3 ヶ月以上の在留届提出数］
法人税率	25%
個人所得税率	5 ～ 35%
付加価値税	10%

出所：外務省ホームページ（http://www.mofa.go.jp/mofaj/area/vietnam/data.html）JETRO ホームページ（http://www.jetro.go.jp/world/asia/vn/basic_01/）、アセアンセンターホームページ（http://www.asean.or.jp/ja/asean/know/country/vietnam/invest）。いずれも 2012 年 9 月末時点の情報を参照。

〈政治・経済〉

　第2次世界大戦後から南北に分かれた30年以上に渡る戦争が続いたが、1975年に北ベトナムが南北統一、その後は共産主義体制の政治が現在まで続いている。長年の戦乱で経済発展は立ち遅れたが、1986年より改革開放を推し進めるドイモイ政策を開始して経済成長路線がスタート、2000年～2010年の平均経済成長率は7.26%と高成長を達成した。格安な賃金を狙った海外製造業を中心とした海外直接投資が主な要因になるが、近年は旺盛な国内消費による成長も顕著であり、2007年WTO加盟による開放政策もあいまって内需を狙った海外投資もはじまっている。他方、貿易収支赤字や、物価上昇、自国通貨の不安定化、投資環境の未整備など解決すべき課題も残っている。

〈歴史・文化・風土〉

　南北に長い国土であり、北部は四季がある亜熱帯に属するが、南部は熱帯で、年間を通して暑く、変化も少ない。中部には山岳高原地帯があり、野菜や果樹栽培が盛んで、避暑地にもなっている。民族としてはキン族が人口の9割近くを占め、ムオン族、チャム族など53の少数民族で構成されている。公用語はベトナム語、英語は外国人と接する機会の多い人には通じるが、一般的に使用されない。人口構成としては、60歳以上の層が占める割合は10%未満と少なく、30歳未満の若年層が半数を占めることなど、将来性の見込まれる国として注目されている。

〈日本との関係〉

　古くは17世紀の江戸時代に朱印船による交易も行い、中部のホイアンには日本人町が形成されていた。1973年に現在のベトナム政府と正式に国交樹立してからはODA（政府開発援助）によるインフラ整備や技術移転の支援を積極的に行った。近年はベトナムの経済成長に伴い、また「チャイナプラスワン」の有力な候補地としても注目を高めたこともあり、製造業を中心に日本企業の進出も急増している。ベトナムではアジアで最も進んだ国として日本の人気は高く、日本語を学ぶ人も多い。親日的な国民感情だけでなく、南北に長い国土なども含め、日本と近似した部分が多く、日本にとっても身近に感じられる国の1つである。

カンボジア

国名	カンボジア王国 [Kingdom of Cambodia]
総面積	181,035 平方キロメートル
人口	1,340 万人 [2008 年]
人口密度	74.0 人／平方キロメートル
首都	プノンペン
主要都市	シェリムアップ、シアヌークビル
気候	プノンペン [熱帯性気候、最高平均気温 35℃ (4 月)、最低平均気温 21℃ (12 月)]
公用語	クメール語
民族	クメール族 (90%)、ベトナム人 (5%)、36 の少数民族 (4%)
宗教	仏教、イスラム教
政治体制	立憲君主制
通貨	リエル
為替レート	1 ドル= 4,053 リエル [2010 年末]
名目 GDP	132 億ドル [2011 年]
1 人あたり名目 GDP	912 ドル [2011 年]
実質 GDP 成長率	6.0% [2010 年]
消費者物価上昇率	6.4% (前年度= 100) [2011 年]
主要産業	農業、縫製業、建設業、観光業
経常収支	n.a
貿易収支	n.a
輸出額	n.a (対日輸出は 2 億 825 万ドル) [2010 年]
輸入額	n.a (対日輸入は 1 億 5,783 万ドル) [2010 年]
直接投資受入額	n.a (日本は 2011 年 7,500 万ドル)
日系企業進出数	67 社 [2011 年時点の商工会登録数]
在留邦人数	1,201 人 [2011 年 10 月 1 日時点の 3 ヶ月以上の在留届提出数]
法人税率	20%
個人所得税率	0 〜 20% [給与税]
付加価値税	10%

出所：外務省ホームページ (http://www.mofa.go.jp/mofaj/area/vietnam/data.html) JETRO ホームページ (http://www.jetro.go.jp/world/asia/vn/basic_01/)、アセアンセンターホームページ (http://www.asean.or.jp/ja/asean/know/country/vietnam/invest)。いずれも 2012 年 9 月末時点の情報を参照。

〈政治・経済〉

　第2次世界大戦後の1949年に独立したが、ベトナム戦争の影響もあって長く戦乱が続き、国連監視下で民主選挙が実施される1993年まで不安定な時代が続いた。同年9月に立憲君主制を採用した新憲法を発布し、現在の政治体制に移行、1998年に国連、翌1999年にアセアンへの加盟を果たした。経済的には21世紀になってから本格的に復興が進んでおり、2002年から2011年までの10年間の平均経済成長率は7.7％を記録している。豊かな水資源と肥沃な国土に恵まれたカンボジアの主要な産業は農業と観光であり、特に世界遺産「アンコール遺跡」には、毎年数多くの観光客が訪れている。

〈歴史・文化・風土〉

　インドシナ半島南部に位置する熱帯気候に属し、年間平均気温が27度、雨季と乾季の二季がある。雨季には国土の中央を流れるメコン川の増水で国土の中央部にある最大の湖トレンサップ湖の面積が10倍近く膨れ上がる。国土の大半が海抜100メートル以下の低地になっているが、タイ及びラオスとの国境付近には山脈と高原が広がっている。民族はクメール人が人口の9割を占め、ベトナム人が5％、他36の少数民族で構成される。公用語はクメール語、宗教的には国教となっていることもあり、9割以上が上座部仏教徒である。ただし、世界遺産で有名なアンコール遺跡なども含め、インド文化の影響を受けている側面は見受けられる。なお、長い戦乱が続いた影響で45歳以上の識字率は低く、クメール文字を読めないケースも見受けられる。また、国内にはかつての内戦の影響でたくさんの地雷と不発弾が埋まっている地域もあり、それらの場所の多くには危険標識が立てられている。

〈日本との関係〉

　日本との交流の歴史は長く、朱印船時代には現在のプノンペンなど二ヶ所に日本人町も形成された。太平洋戦争時代には日本軍が進駐した時期もあったが、戦後はカンボジアの独立と同時に日本としても戦後初めての友好条約を結ぶなど、カンボジア戦乱前から緊密な関係を結んでいた。本格的な交流が再開するのはカンボジア和平が進展する1990年代に入ってからとなり、国連暫定統治機構(UNTAC)の代表に日本人の明石康氏が着任、この時期からボランティアや無償援助なども含め多くの日本人や団体、政府関係者がカンボジア支援に尽力している。2010年度までの累計の無償資金協力は約1,492億円、技術協力約594億円と世界の主要援助国でもっとも貢献している。現在でも、日本は遺跡の保存修復活動を始め多くの支援を行うなど、緊密な関係にあると言える。

ラオス

国名	ラオス人民民主共和国 [Lao People's Democratic Republic]
総面積	236,800 平方キロメートル
人口	626 万人 [2010 年]
人口密度	26.4 人／平方キロメートル
首都	ビエンチャン
主要都市	サワンナケート、ルアンパバーン、パークセー
気候	ビエンチャン [熱帯性気候、最高平均気温 34℃ (4 月)、最低平均気温 16℃ (1 月)]
公用語	ラオス語
民族	ラオ族（過半数）、49 の少数民族
宗教	仏教
政治体制	人民民主共和制
通貨	キープ
為替レート	1 ドル＝ 8,001 キープ [2012 年 1 月]
名目 GDP	78 億 9,100 万ドル [2011 年]
1 人あたり名目 GDP	1,203 ドル [2011 年]
実質 GDP 成長率	8.2% [2011 年]
消費者物価上昇率	8.7%（前年度＝ 100）[2011 年]
主要産業	サービス業, 農業, 工業
経常収支	2,930 万ドル [2010 年]
貿易収支	n.a
輸出額	17 億 4,640 万ドル（対日輸出は　3,747 万ドル、2.1%）[2010 年]
輸入額	20 億 6,040 万ドル（対日輸入は　6,176 万ドル、3.0%）[2010 年]
直接投資受入額	2 億 7,880 万ドル [2010 年]
日系企業進出数	65 社 [2010 年 10 月時点の商工会登録数]
在留邦人数	554 人 [2011 年 10 月 1 日時点の 3 ヶ月以上の在留届提出数]
法人税率	24%
個人所得税率	10%
付加価値税	10%

出所：外務省ホームページ（http://www.mofa.go.jp/mofaj/area/vietnam/data.html）JETRO ホームページ（http://www.jetro.go.jp/world/asia/vn/basic_01/)、アセアンセンターホームページ（http://www.asean.or.jp/ja/asean/know/country/vietnam/invest）。いずれも 2012 年 9 月末時点の情報を参照。

〈政治・経済〉

　第2次世界大戦後の1953年にフランスから独立を果たしたが、長期にわたる内戦が続き、1975年のサイゴン陥落後、同年12月にラオス全土を次第に制圧した左派（パテート・ラオ）が王政の廃止を宣言、社会主義のラオス人民民主共和国が成立した。その後、人民革命党が指導政党となり、1986年にはベトナムにならった「新経済メカニズム」とよばれる経済改革による市場経済の導入と開放経済政策を進めた。1997年7月にはアセアンに正式加盟を果たし、外国からの投資や援助により2000年以降は年平均約7％程度の経済成長を達成している。主要産業である農業は国内総生産の約半分を占め、コーヒーは重要な輸出農産品である。また、世界遺産に登録されているルアンパバーンやワット・プーなど魅力的な場所が多く、観光産業の成長に力を入れていくことがこれからの課題である。

〈歴史・文化・風土〉

　ベトナム、カンボジア、タイ、ミャンマー、中国の5ヶ国と国境を接し、アセアン唯一の内陸国である。気候は熱帯モンスーン気候に属し、年間平均気温は31度、乾季と雨季の二季となるが、標高の高い山岳地は涼しい気候であり、上着が必要な場合もある。民族としてはラオ族がほとんどであるが、49の少数民族が暮らしている。公用語はラオス語だがタイ語に近く、タイ語は庶民レベルでも通じる。歴史的にも隣国タイとは関係が深いものの、戦争の歴史が長く、ラオス政府としては影響力を遮断する政策を採用するケースが多い。近年は中国およびベトナムとの交流が活発である。ラオスは2000年以降、着実に人口増加しているが、人口がわずか626万人であり、大きい人口を抱える広大な地域がなく、もっとも大きい首都ビエンチャン市でも人口71万人である。

〈日本との関係〉

　歴史的に日本との接点が生まれたのは、第2次世界大戦中に日本軍がインドシナ侵攻によって占領した時期であった。1955年フランスから独立後に正式に外交関係を樹立したが、交流が活発化するのは1997年のアセアン加盟後となる。日本からJICA（国際協力機構）の青年海外協力隊が初めて派遣されたのがラオスであり、現在のビエンチャン国際空港も日本の援助で建設されるなど、ラオスの発展に寄与していることはあまり知られていない。更に、ワット・プー遺跡を保護・保存するための文化遺産無償協力の実施をはじめ、2010年度までの累計で無償資金援助が約1,265億円、技術協力が約540億円、と日本は世界で最もラオスの資金援助に貢献している。

タイ

国名	タイ王国 [Kingdom of Thailand]
総面積	513,115 平方キロメートル
人口	6,408 万人 [2011 年]
人口密度	124.9 人／平方キロメートル
首都	バンコク
主要都市	ナコンラーチャシマー、チェンマイ、コンケン、ソンクラー
気候	バンコク [熱帯性気候、最高平均気温 35℃ (4 月)、最低平均気温 21℃ (1 月)]
公用語	タイ語
民族	タイ族（大多数）、華僑、マレー族、山岳少数民族
宗教	仏教、イスラム教
政治体制	立憲君主制
通貨	バーツ
為替レート	1 ドル＝ 31.6912 バーツ [2011 年末]
名目 GDP	3,456 億 5,000 万ドル [2011 年]
1 人あたり名目 GDP	5,394 ドル [2011 年]
実質 GDP 成長率	0.1% [2011 年]
消費者物価上昇率	12.1%（前年度＝ 100）[2011 年]
主要産業	農業、製造業
経常収支	118 億 7,000 万ドル [2011 年]
貿易収支	140 億 8,300 万ドル [2010 年]
輸出額	2,288 億 2,200 万ドル（対日輸出：240 億 7,000 万ドル、10.5%）[2011年]
輸入額	2,284 億 9,800 万ドル（対日輸入：421 億 6,400 万ドル、18.5%）[2011年]
直接投資受入額	n.a
日系企業進出数	1,327 社 [2011 年 4 月時点の商工会登録数]
在留邦人数	49,983 人 [2011 年 10 月 1 日時点の 3 ヶ月以上の在留届提出数]
法人税率	30%
個人所得税率	5 〜 37%
付加価値税	7%

出所：外務省ホームページ（http://www.mofa.go.jp/mofaj/area/vietnam/data.html）JETRO ホームページ（http://www.jetro.go.jp/world/asia/vn/basic_01/）、アセアンセンターホームページ（http://www.asean.or.jp/ja/asean/know/country/vietnam/invest）。いずれも 2012 年 9 月末時点の情報を参照。

〈政治・経済〉

アセアン諸国で唯一、植民地化が進んだ近代も独立を保ち、政体としては1932年の立憲革命より立憲君主制へと移行した。現在でも国民の4割が農業従事者である農業国であるが、民主化が本格的に進んだ第2次世界大戦後からは国民の高い教育水準や豊かな国土を背景に徐々に工業国への道を模索し、日本や欧米諸国の大企業の進出を背景にした本格的な工業化が進んだ。1997年のアジア通貨危機の影響を受けたが、現在では再び高い経済成長率を維持しており、東南アジアにおける代表的な工業国としての立場を保ち続けている。他方、2006年よりタクシン派と反タクシン派との政治的内紛が政情不安定をもたらしている。

〈歴史・文化・風土〉

インドシナ半島の中央部とマレー半島の北部に位置し、国土面積は日本の1.4倍である。国土の大半が熱帯モンスーン気候に属するが、一般に山岳地が広がる比較的涼しい気候の北部、雨量が少なく農作物が育ちづらい東北部、世界有数の稲作地帯チャオプラヤー・デルタが広がる中央部、すずの採掘が進んだマレー半島に属する南部の4つの地域に大別される。タイ国民の大多数がタイ族で、次いで華僑、マレー族となっている。外国の植民地支配を受けることなく、独自の文化を歩み、国民のほとんどが上座部仏教徒で、仏教は民族、国王とともに国家を統合する三本柱のひとつとして重要な役割を果たしている。

〈日本との関係〉

タイとの交流は室町時代に日本の船舶が滞在した記録から始まり、15～16世紀にかけて日本人傭兵がアユタヤ朝で活躍し、日本人町を形成したが、江戸時代に入ると鎖国政策の影響もあって交流は途絶えた。明治時代に入ると通商条約を締結するなど外交が本格的に始まり、タイとしても欧米列強から独立を保つべく、終戦まで非常に緊密な関係を保った。終戦後は日本の国際社会復帰を後押しし、日本も積極的に投資を進め、東南アジアで最大の日本人コミュニティが形成されるに至っている。特に日本の大手自動車や家電メーカーはいち早く進出し、タイにとっても日本が最大の貿易・投資・援助国であることから、経済的な相互依存関係は深いと言える。

ミャンマー

国名	ミャンマー連邦共和国［Republic of the Union of Myanmar］
総面積	676,578 平方キロメートル
人口	6,062 万人［2011 年］
人口密度	89.6 人／平方キロメートル
首都	ネーピードー
主要都市	ヤンゴン、マンダレー
気候	ヤンゴン［熱帯性気候、最高平均気温 37℃ (4月)、最低平均気温 18℃ (1月)］ マンダレー［熱帯性気候、最高平均気温 38℃ (4月)、最低平均気温 13℃ (1月)］
公用語	ミャンマー語
民族	ビルマ族（約 70%）、その他の少数民族
宗教	仏教、キリスト教、イスラム教、ヒンドゥー教
政治体制	大統領制、共和制
通貨	チャット
為替レート	1 ドル＝ 818 チャット［2012 年 4 月平均］
名目 GDP	502 億ドル［2011 年］
1 人あたり名目 GDP	832 ドル［2011 年］
実質 GDP 成長率	5.5%［2011 年］
消費者物価上昇率	6.7%（前年度＝ 100）［2011 年］
主要産業	農業
経常収支	n.a
貿易収支	n.a
輸出額	81 億ドル（対日輸出は　3 億 8,896 万ドル、4.8%）［2010 年］
輸入額	77 億ドル（対日輸入は　2 億 6,419 万ドル、3.4%）［2010 年］
直接投資受入額	46 億 4,400 万ドル［2011 年］
日系企業進出数	51 社［2010 年 12 月時点の商工会登録数］
在留邦人数	543 人［2011 年 10 月 1 日時点の 3 ヶ月以上の在留届提出数］
法人税率	30%
個人所得税率	35%
付加価値税	10%

出所：外務省ホームページ（http://www.mofa.go.jp/mofaj/area/vietnam/data.html）JETRO ホームページ（http://www.jetro.go.jp/world/asia/vn/basic_01/)、アセアンセンターホームページ（http://www.asean.or.jp/ja/asean/know/country/vietnam/invest）。いずれも 2012 年 9 月末時点の情報を参照。

〈政治・経済〉

　第2次世界大戦後の1948年にイギリスから独立してビルマ連邦となったが、1962年の軍事クーデター以降、軍事政権時代が長く続き、1989年に現在のミャンマー連邦に国名を変更している。2007年に現大統領のテイン・セイン氏が首相に就任して以降、徐々に政治体制の改革を進め、2010年末に新憲法に基づく総選挙が実施され、民主化へ向けて歩み始めた。アセアンには1997年から加盟しているものの、アメリカやEUからは経済制裁を受けている。ただし、中国からは多額の援助を受けている他、インドとは経済的な結びつきは強く、アジアの大国にはさまれながらも比較的良好な関係を築いていると言える。

〈歴史・文化・風土〉

　インドシナ半島の中でも大陸寄りに位置し、南北に伸びる長い国土は日本の約1.8倍である。陸では中国・タイ・ラオス・インド・バングラデシュと国境を接し、海側はマルタバン湾・ベンガル湾・インド洋に面している。国土の大半が熱帯又は亜熱帯に属するが、気温や降水量は地域による差異が大きい。民族的にはビルマ族が約7割を占めるが、130以上の少数民族が住む多民族国家である。6,000万人を超える人口の大半が農業に携わり、かつ敬虔な上座部仏教徒である。公用語はビルマ語だが、イギリスの植民地だった影響もあり、英語を理解する人も多い。

〈日本との関係〉

　遡ること約400年前、南西部に日本の武士団が滞在していた記録が残っており、明治時代には訪日したミャンマーの高僧が日本文化を紹介する本を出版した。第2次世界大戦中は日本軍が占領下に置いたが、戦後の1954年に平和条約を締結してから日本とは良好な関係を続けてきた。しかし、1988年の軍事クーデター以降、徐々に経済援助や支援は減少し、2003年から英米の経済制裁を受けてほとんどの援助は停止した。近年は民主化への歩みを受け、2012年2月にヤンゴン郊外の経済特別区の上下水道、道路、光ファイバーケーブル、次世代電力網といった最先端のインフラ整備を日本で請け負うことが決まった。また、2012年4月にはアウンサンスーチー氏を含む幅広い関係者の政治参加が実現したこと等を踏まえ、経済協力方針を変更した。

ブルネイ

国名	ブルネイ・ダルサラーム国［Brunei Darussalam］
総面積	5,767平方キロメートル
人口	42.3万人［2011年］
人口密度	73.3人／平方キロメートル
首都	バンダルスリブガワン
主要都市	－
気候	バンダルスリブガワン［熱帯性気候、最高平均気温32℃(8月)、最低平均気温23℃(6月)］
公用語	マレー語
民族	マレー（65.7%），中華系（10.9%）、その他（23.4%）
宗教	仏教、イスラム教
政治体制	立憲君主制
通貨	ブルネイ・ドル
為替レート	1ドル=1.3007ブルネイ・ドル［2011年末］ ※シンガポール・ドルと等価交換
名目GDP	156億万ドル［2011年］
1人あたり名目GDP	36,521ドル［2011年］
実質GDP成長率	2.2%［2011年］
消費者物価上昇率	2.0%（前年度=100）［2011年］
主要産業	石油・天然ガス
経常収支	n.a
貿易収支	95億8,700万ドル［2011年］
輸出額	120億3,200万ドル（対日輸出：54億9,800万ドル、45.7%）［2011年］
輸入額	24億4,500万ドル（対日輸入：1億7,800万ドル、7.3%）［2011年］
直接投資受入額	n.a
日系企業進出数	8社［2010年10月時点の外務省調べ］
在留邦人数	129人［2011年10月1日時点の3ヶ月以上の在留届提出数］
法人税率	30%
個人所得税率	なし
付加価値税	なし

出所：外務省ホームページ（http://www.mofa.go.jp/mofaj/area/vietnam/data.html）JETROホームページ（http://www.jetro.go.jp/world/asia/vn/basic_01/）、アセアンセンターホームページ（http://www.asean.or.jp/ja/asean/know/country/vietnam/invest）。いずれも2012年9月末時点の情報を参照。

〈政治・経済〉

1888年にイギリスの保護領となってから、太平洋戦争期に日本が占領した時期を除き、長くイギリスの統治下にあったが、1984年に独立した。政治的には国王が国家元首だが、首相は国王が兼任し、閣僚は国王によって指名されるだけでなく、内閣では国王が議長となり、行政執行上の問題を処理するなど国王の権限が強化されていることから、絶対君主制に近い体制である。経済的には豊富な天然資源（石油・天然ガス）の収入という経済基盤がもたらした高い経済成長によって、一人当たりの国民の所得水準が高く、社会福祉も充実していること等を背景に、政治・経済情勢は安定している。

〈歴史・文化・風土〉

地理的には南シナ海に面した高温多湿な熱帯地域にあり、国土面積は日本の三重県と同規模、陸側はマレーシアと国境を接する。民族的にもマレー系が7割近くを占め、同国の憲法ではマレー語が公用語と定められているが、長く英国領であったこともあり、英語も広く通用する。宗教としてイスラム教が国教に定められており、国民の7割近くが敬虔なイスラム教徒であることから、公共の場で酒類の販売もしていない。人口はわずか43万人程度だが、国民は恵まれた天然資源がもたらした富の恩恵もあり、所得税がなく医療・教育費が無料である。アセアン諸国で最も裕福な国の一つであり、市街も落ち着いた雰囲気に包まれている。

〈日本との関係〉

太平洋戦争期には終戦まで日本軍が占領した時期もあるが、外交関係としては1984年の同国独立直後から国交を結び、良好な関係が続いている。現ボルキア国王も累次、訪日しているだけでなく、王室と皇室の間の親交も深い。また、エネルギー分野では長年にわたりブルネイ最大の貿易相手国（2011年は輸出額の45.7%）であり、うち石油と天然ガスで99.7%となっている。ブルネイ産LNGは日本のLNG総輸入量の約8%、6番目のシェアであり、日本にとってもエネルギー資源の安定供給の面から重要な国となっている。

第2部
アジアビジネス
ベストパートナー50社

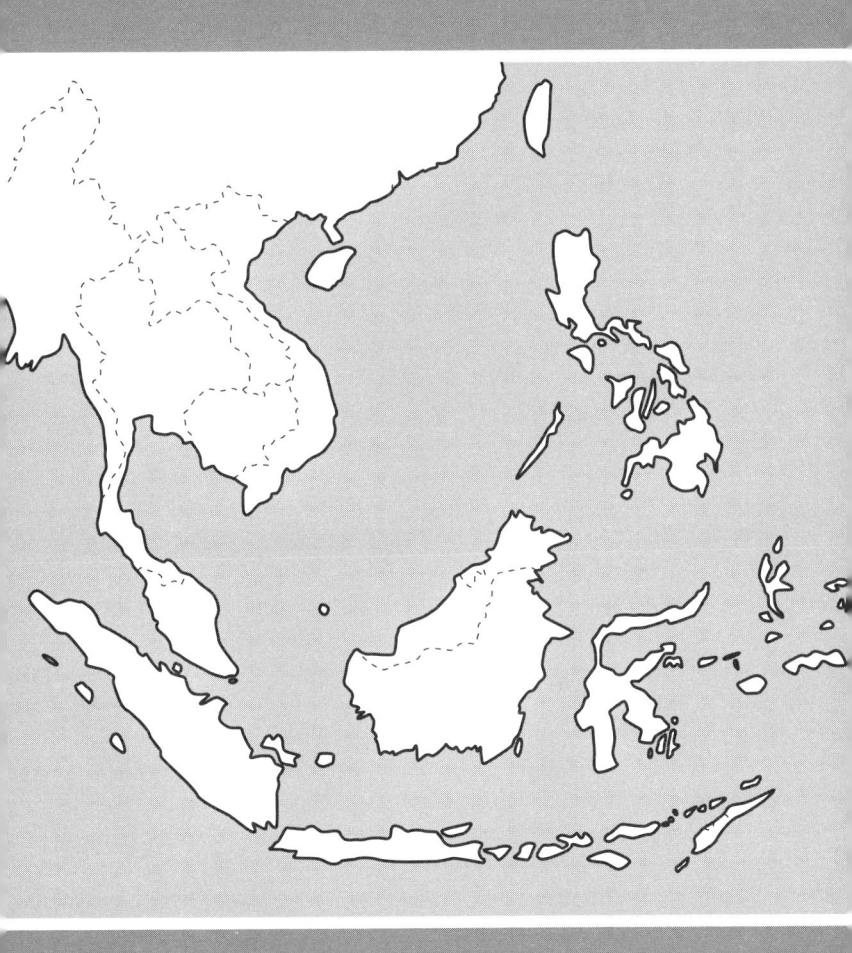

NAC国際会計グループ

11カ国21拠点、アジアに腰を据えた日系会計専門家集団

■所在地・連絡先（香港本部）

住所	香港　金鐘道89号　力宝中心2座2408
TEL	(852)2537-2146（日本相談室　03-3562-0781）
FAX	(852)2524-0110（日本相談室　03-3562-0782）
URL	http://www.nacglobal.net/
E-MAIL	info@nac.com.hk
担当者	竹信、江戸野、田中

■提供サービス

- ■ 進出支援サービス
- ■ 税務・会計
- □ 法務・知的財産保護
- □ 人材支援
- □ 視察コーディネート
- □ オフィスサービス
- □ 不動産仲介
- □ オフショア開発
- □ その他

■対応国

- ■ フィリピン
- ■ インドネシア
- ■ シンガポール
- ■ マレーシア
- ■ ベトナム
- ■ カンボジア
- □ ラオス
- ■ タイ
- ■ ミャンマー
- □ ブルネイ

■代表者プロフィール

中小田　聖一

NAC国際会計グループ代表、NAC Global Co., Ltd.代表取締役社長。大手都市銀行、監査法人トーマツを経て、1998年に中小田公認会計士事務所を開業、翌1999年に香港法人 Nakaoda Accounting Consultancy Ltd.（現 NAC Global Co., Ltd.）を設立するとともに、香港に居住を移し、日系企業のアジア進出支援業務を本格的にスタートさせる。アジア進出・会計税務に関する執筆・講演多数多数。九州大学経済学部卒業、公認会計士。

■実績

1999年以来、日系企業のアジア進出支援業務では1800件を超える実績を誇ります。お客様の割合は、上場企業30％、中堅中小企業50％、ベンチャー・個人企業20％。現地駐在の日本人専門家48名・現地スタッフ130名の体制で、アジア各拠点において、設立・会計・税務・監査業務を中心に、組織変更、M＆A、財務DD、企業評価、人事労務、給与計算、法務、登記変更、清算業務などで多くの実績があります。当社がコアメンバーの「中国アジア進出支援ネットワーク」（http://asia.mykomon.com）においては、多数の日本全国の会計事務所・金融機関が会員となり登録されており、アジア進出支援組織としては、国内最大規模です。

■提供サービスの特徴

NAC国際会計グループは、「日系中堅中小企業のグローバル化支援」をミッションに、1999年香港事務所開設、その後、中国（上海、深セン、広州、東莞、北京、青島、大連、武漢等）、シンガポール、ホーチミン、ハノイ、バンコク、ジャカルタ、デリー等に拠点を構え、現在では、日系最大級のアジア主要都市をカバーする国際会計事務所・コンサルティングファームです。当社の各拠点では、現地にしっかり腰を据えた日本人公認会計士を中心とした各種専門家が、進出支援・現地法人設立から、会計・税務・監査、さらにはM＆A・組織再編まで、リーズナブルな価格で良質な専門サービスを提供しています。中国・アジアへ初めて進出される企業はもちろんのこと、迅速・的確なコミュニケーション・サービス体制のもと、アジア複数拠点を抱える企業様向けのワンストップ対応も得意としています。また、法令情報サイト「NACグローバルnet」（www.nacglobal.net）では、現地の法令やビジネス情報をわかりやすくタイムリーに配信中で、中国・アジア関連の専門書籍の発刊のほか、多くの日系金融機関・ＪＥＴＲＯ発行の投資ガイド等にも執筆協力しています。

■PRポイント

NAC理念：「誠実と信頼」「Global × Professional」
お客様の「信頼」に応える「誠実」こそが、NACグループの基本理念。誠実さは、NACグループ全てのメンバーにとっての第一の規範であり、お客様からの信頼は、NACグループの最も重要な基盤となっています。また、グローバルな舞台で高い専門性を発揮することにより、日本社会の発展に貢献していくことが、NACグループにとっての存在意義でもあります。NAC国際会計グループは、日系企業のグローバル化に真に貢献できる日本発のグローバル専門家集団を目指し、お客様とともに成長し続けます。

ヒューマンリソシア株式会社

「仕事への想い」を大切にする会社

■所在地・連絡先（日本）

住所	東京都新宿区西新宿 7-5-25　西新宿木村屋ビル 1F
TEL	03-6846-9055
FAX	03-6846-1135
URL	http://resocia.jp
E-MAIL	k-kishita@athuman.com
担当者	木下（きした）

■提供サービス

- ■ 進出支援サービス
- □ 税務・会計
- □ 法務・知的財産保護
- ■ 人材支援
- ■ 視察コーディネート
- □ オフィスサービス
- □ 不動産仲介
- □ オフショア開発
- ■ その他（語学研修、海外赴任前研修、各種ビジネス研修）

■対応国

- □ フィリピン
- ■ インドネシア
- □ シンガポール
- □ マレーシア
- ■ ベトナム
- □ カンボジア
- □ ラオス
- □ タイ
- □ ミャンマー
- □ ブルネイ

■代表者プロフィール

御旅　屋貢

ヒューマンリソシア株式会社　代表取締役
1995年ヒューマンリソシア株式会社の前身である、ヒューマンタッチ株式会社に入社。人材サービスの営業を担当。銀座支社・品川支社の拠点長として支社立上げをし、その後東京本社責任者、東日本営業部長、人材派遣部門責任者、西日本事業部長を経て2012年4月より代表取締役プレジデントに就任。国内にとどまらず、人材派遣・人材紹介・教育支援を中心にグローバル展開企業への人材面のサービスを展開しております。

■実績
- ヒューマンリソシアは、ベトナム国内でも随一であるベトナム国家大学ハノイ校、及びベトナム国立ハノイ工科大学と奨学金制度に関する協定を締結しています。同制度は、情報通信技術、電子工学、電気通信、ナノ技術、機械工学、制御システム等の3年生・4年生・大学院生・卒業生を対象に、日本語の学習費や教材費等を支給する他、ビジネスレベルの日本語研修（1年・2年コース）を実施。優秀な人材との関係を作り日本国内、現地法人への橋渡しを行っています。
- 平成21年に外務省より、「日・インドネシア経済連携協定（EPA）に基づく、インドネシア人看護師・介護福祉士候補者に対する事前研修事業」を受託しました。本プログラムは、日本に受け入れられるインドネシア人看護師・介護福祉士候補者に対して実践的コミュニケーション能力、読解力、記述力を養成することを目的として、日本語習得の研修などを実施するものです。

■提供サービスの特徴
【スタッフレベルからハイスペック人材まで、そしてバイリンガル人材と幅広い人材の確保をします】
当社では2003年に上海で人材サービス事業を開始し、天津・インドネシア・ベトナムで人材紹介を中心に現地の優秀な人材をご紹介しております。また、大きな特徴としてグループ会社で運営しているバイリンガル専門の求人サイトである『daijob.com』は、バイリンガル専門の求人サイトとしては日本最大の登録者と掲載数をかかえております。これにより日本にいるグローバル人材や海外にいるグローバル人材を確保できるバックボーンがあります。海外進出をする企業様の現地で核となる人材の確保を、当社の求人サイト及び海外ネットワークを活用して行います。

■PRポイント
『ヒューマン』－『人』を社名に掲げ、全ての希望や可能性は常に人から始まるという確信をもって企業活動を展開しています。
ヒューマンリソシアは、『教育』『介護』『インターナショナル』事業をグループで展開している人材サービス会社です。私どもは、求職者と企業のニーズが多様化する労働市場において、『働く』ということをともに考え、就業機会を創出し、仕事を通じた個人の『成長』をサポートいたします。また、日系企業のグローバル化の一翼を担うため、国内に留まらずアジアを中心とした海外へと活動を展開し、国内及び現地の人材採用、外国人の日本語教育、海外赴任者研修等、グローバル展開を図る企業のニーズに拘って、ご満足いただける充実したサービスを提供してまいります。

J-SAT Consulting Co.,Ltd.

ミャンマー進出のエキスパート。ミャンマーのことなら在緬16年以上の信頼と実績豊富な当社におまかせ下さい

■所在地・連絡先(現地)

住所	Room No.501, 5 Floor, Sakura Tower, Kyauktada T/S, Yangon, Myanmar Sakura Tower, Kyauktada T/S, Yangon, Myanmar
TEL	(95)1-215428
FAX	(95)1-228155
URL	http://www.j-sat.jp
E-MAIL	info@j-sat.jp
担当者	Nishigaki Mitsuru

■提供サービス

- ■ 進出支援サービス
- □ 税務・会計
- □ 法務・知的財産保護
- ■ 人材支援
- ■ 視察コーディネート
- □ オフィスサービス
- □ 不動産仲介
- □ オフショア開発
- □ その他

■対応国

- □ フィリピン
- □ インドネシア
- □ シンガポール
- □ マレーシア
- □ ベトナム
- □ カンボジア
- □ ラオス
- □ タイ
- ■ ミャンマー
- □ ブルネイ

■代表者プロフィール

西垣 充

大手経営コンサルティング会社から1996年に日系企業のヤンゴン事務所に転職。1998年に独立して現在に至るまで、一貫して中心都市ヤンゴンを拠点にて活動中。

ミャンマー国内従業員数60名を率い、長年ミャンマーで経営してきた経験を生かし、上場企業から中小企業まで会社設立から人材紹介、営業活動まで幅広いコンサルティングでミャンマーに特化し圧倒的な経験と実績で他社を圧倒している。

■実績

大手縫製企業のミャンマー進出をトータルでサポート。大手ＩＴ企業ミャンマー進出リサーチ支援、設立サポート。大手通信教育企業の教育玩具現地生産、リサーチからパートナー工場選択、発注管理。中堅縫製企業の中国からミャンマーへの工場シフトをリサーチからパートナー企業選択、運営サポート。ホテルおよびレストラン運営の会社設立、営業支援。商工会議所視察コーディネート、各種団体視察コーディネート、大学機関視察コーディネート多数。有名旅行雑誌リサーチ支援。雑誌コーディネート多数。番組リサーチ、企画、コーディネート多数。

■提供サービスの特徴

日本にある会社や大手では手が届かない、最新の情報とキメ細やかな対応で、ミャンマー進出をトータルでサポートします。
「J-SAT CONSULTING CO.,LTD. ジェイサットコンサルティング」
日本ではミャンマーについての情報は非常に少なく、その情報も不正確なものが数多く見られるのが現状です。また、現地取材を行ってもしっかりしたルートでないと不正確な情報に振り回されてしまうことがあります。当社ではヤンゴン在住日本人スタッフを中心に、1998年からミャンマーで会社を経営し、独自に築き上げたルートで現地調査から複雑な会社設立手続きや政府許認可、事務所、従業員確保等、事業展開全般まで、ミャンマー特有の商慣習に対応したミャンマー進出と企業活動をトータルでサポート、コンサルティングいたします。
また、海外からの遠隔操作を可能にする発注管理として、電子部品、プラスチック製品、縫製業など地元企業との橋渡しをし、生産、受発注管理をサポートします。

■PRポイント

当社は、長年、日本のマスコミを中心にした調査・リサーチ・手配で培ったミャンマー専門知識とコネクションを使い、豊富な経験と情報量でキメ細かな手配に対応します。昨今のミャンマー投資ブームもあり、様々な情報を収集しただけで、にわかに突然ミャンマーの専門家を語っている人が数多くいます。ミャンマーは民生移管されたからといって、ビジネスの難しさは何ら変わりません。インフラはもちろんのこと、法整備や制度が整うにはまだまだ時間がかかります。当社は1998年から今日に至るまで、ヤンゴンに拠点を構え、根を張り存続、発展してきました。ブームに乗って登場している、にわかコンサルタントにはない、実際にヤンゴンで生活し経営しながら体験した経験や長年培ったネットワークを生かし、ミャンマー進出をトータルでサポートいたします。

Harmony Life International Co., Ltd.

自然と人間が調和した社会を創り、誰でも簡単にできる無農薬有機農法、オーガニックを農法を確立

■所在地・連絡先（現地）

住所	16/3-4 Soi On-Nut 74/1, Sukhumvit 77Rd. Kwang Pravej Khet Pravej Bangkok 10250 Thailand
TEL	(66)2-721-7511
FAX	(66)2-721-7513
E-MAIL	harmonylife.oga@gmail.com
担当者	大賀　昌（Sho Oga）

■提供サービス

- ☐ 進出支援サービス
- ☐ 税務・会計
- ☐ 法務・知的財産保護
- ☐ 人材支援
- ☐ 視察コーディネート
- ☐ オフィスサービス
- ☐ 不動産仲介
- ☐ オフショア開発
- ■ その他（OEM製品の開発及び製造、オーガニック農法の指導）

■対応国

- ■ フィリピン
- ■ インドネシア
- ■ シンガポール
- ■ マレーシア
- ■ ベトナム
- ■ カンボジア
- ■ ラオス
- ■ タイ
- ■ ミャンマー
- ■ ブルネイ

■代表者プロフィール

大賀　昌

Harmony Life International Co., Ltd.　代表
1956年宮崎市出身。東海大学海洋学部卒業後1981年からオーストラリアマーシー総合病院勤務、1984年帰国後（株）日本健康増進研究会勤務、1991年同社台湾勤務、1994年同社タイ国現地法人社長就任。1999年退職後タイ国にHarmony Life International Co., Ltd.　及びオーガニック農園のHarmony Life Organic Farmを設立。著書にオーガニック農法と六次産業の指南書『メコンの大地が教えてくれたこと』（カナリア書房）。

■実績
2000年タイ国王のプロジェクトで貧困な農場地域にため池を200ヶ所作るプロジェクトに貢献。この貢献によりタイ国政府総理府から特別表彰を授与。タイ国内、日本、カンボジア、インドにてオーガニック農法とオーガニック農産物を使用した製品の開発を指導。現在、ハーモニーライフ農園で生産された製品は、世界十カ国以上の国々で販売。

■タイ国
①タイのロイヤルプロジェクトのひとつであるラチャモンコンライスの無農薬有機米の栽培指導　②スリン県でのオーガニックジャスミン米の栽培指導とそのマーケットのサポート　③自社農園でのオーガニック農法の指導とタイ国各地での講演活動

■日本
佐賀県武雄市からの要請で、レモングラス栽培とレモングラスを使用した製品の開発指導。

■カンボジア
カンボジア政府より世界遺産プレアビヒア周りの農地をオーガニックにするためのオーガニック農法の指導とオーガニック農作物を使用した製品の開発指導。

■インド
インド東北部のアッサム州とシッキム州での有用実生物を使用したオーガニック農法の指導、アッサムティー、シッキムティー、ダージリンティーのオーガニック栽培の指導。

■提供サービスの特徴
オーガニック農法の指導／オーガニック農産物を使用した製品の開発及びマーケティングのサポート／OEM製品の開発と製造

■PRポイント
当社はオーガニック農業をタイ国で13年してきており、オーガニック農法のエキスパートとして活躍。オーガニック認可も世界で一番厳格なUSDAやIFAOM(国際有機農業連盟)、EUROオーガニック認可、カナダオーガニック認可、タイ国オーガニック認可などの国際認可を取得しています。オーガニック農業を世界に広げるために、Harmony Life農園ではオーガニック農法の研修も実施。自社農場内には、工場も併設しており、オーガニック酵素飲料、オーガニックハーブティー、オーガニックジャム、モロヘイヤ麺などの食品の他、自然界の中で簡単に分解できる天然洗剤、石鹸シャンプー、ボデイソープ、石鹸など環境に良い製品も製造しています。

Brain Works Asia Co.,Ltd.

「水牛とスマートフォン」が見られるアジアと
日本をつなぐ"ブリッジサービス"を提供

■所在地・連絡先（現地）

住所	Lot CR3-3, 8th Fl, Beautiful Saigon1 Nguyen Khac Vien St, Tan Phu Ward, Dist7, Ho Chi Minh City, Vietnam.
TEL	(84)8-5413-5884
FAX	(84)8-5413-5887
URL	http://www.bwg.co.jp/bwasiajp/index.html
E-MAIL	info_vn@bwg.co.jp　担当者　助田　雄一郎

■提供サービス

- ■ 進出支援サービス
- □ 税務・会計
- □ 法務・知的財産保護
- ■ 人材支援
- ■ 視察コーディネート
- ■ オフィスサービス
- □ 不動産仲介
- □ オフショア開発
- ■ その他（リサーチサービス、ビジネスマッチング支援）

■対応国

- □ フィリピン
- ■ インドネシア
- ■ シンガポール
- ■ マレーシア
- ■ ベトナム
- ■ カンボジア
- ■ ラオス
- ■ タイ
- ■ ミャンマー
- □ ブルネイ

■代表者プロフィール

近藤　昇
ブレインワークスグループ　ＣＥＯ。
1962年生まれ。アジアと日本のビジネスの懸け橋となるべく、14年前よりベトナムへ進出。現在はアジア・メコンエリアにおける日系企業、ローカル企業へも経営支援サービスを提供し、数多くの企業の課題解決・経営革新に貢献。また、日本の技術、ノウハウ、品質、工程管理などあらゆる日本ブランド「ＪＡＰＡＮ　ＳＴＹＬＥ」ビジネスの創発・拡大を行っている。

第 2 部　アジアビジネスベストパートナー 50 社

■実績
- ベトナム・シンガポール・タイ現地法人／駐在員事務所の設立支援、ジャパンスタイルショップを通じた日本産品のベトナム国内販売支援
- 幹部研修／ビジネスマナー研修／セキュリティ研修、ベトナム人経営者向けセミナー、ベトナム語版のビジネスマナー／セキュリティリテラシー等の従業員教育向け書籍発行
- アセアン諸国（シンガポール、マレーシア、インドネシア、タイ、カンボジア、ラオス、ミャンマーなど）の視察コーディネート、ベトナム人向け日本情報誌『Japan Style Magazine』発行、ベトナム人ビジネスパーソン向けビジネス情報誌『Sailing Master in Vietnam』発行
- ベトナム現地企業の信用調査実施、アジア市場調査レポート作成
- 日本企業とベトナム企業とのビジネスマッチング、日本とアジア企業経営者を集めたアジアビジネス交流会の開催

■提供サービスの特徴
当社は、ベトナムを中心に日系企業や現地企業に対して様々な経営支援を展開。特に注力しているのがベトナムで、人材教育、セキュリティ研修、IT 支援など、日本で培ったノウハウを提供しています。当社の強みは、設立当時からベトナム企業と日本企業の橋渡しをする「ブリッジサービス」を展開し、ベトナム全土で数多くの企業経営者や経営幹部と面会し、日本とのビジネスに関心を持つベトナム企業の情報を保有している点です。また、近隣のカンボジア、ラオス、タイ、ミャンマーといったメコンエリアでのビジネス支援も得意で、2012 年にはミャンマーにも拠点を構え、進出支援を中心にサービスを開始。また、アジアで日本の存在感を高めるべく、「JAPAN STYLE」を提唱し、オール・ジャパンで力を結集する活動にも注力。2011 年にホーチミン市内の大型ショッピングモール内にオープンした「Japan Style Shop」は中小企業を中心にアジア展開へ向けた第一歩を踏み出すアンテナショップとして好評を得ています。

■ PR ポイント
当社は成長するアジア、特にアセアンの中でもメコンエリアにおけるビジネス展開の支援に強みがあります。アジアには日本の高度成長期やその前の時代に似たビジネス環境がありますが、一方で現在の日本から遡って俯瞰しても現実が見えないのが実態です。調査データはある一面を表してくれますが、ビジネスを具体的に進めるときには役に立ちません。将来の展開を机上で計算するのではなく、現地に入り込んで市場を開拓する気概を持ち、行動し続けることこそ、アジアビジネスで成功する必要条件だと考えています。

株式会社エイジア

アジア市場を舞台に活躍を目指す日本企業の顧客満足度向上や売上向上に貢献したい

■所在地・連絡先（日本）

住所	東京都品川区西五反田 7-21-1 第 5TOC ビル 9F
TEL	03-6672-6788
FAX	03-6672-6805
URL	http://www.azia.jp/
E-MAIL	上記ホームページ内のお問い合わせフォームよりご連絡ください

■提供サービス

- ☐ 進出支援サービス
- ☐ 税務・会計
- ☐ 法務・知的財産保護
- ☐ 人材支援
- ☐ 視察コーディネート
- ☐ オフィスサービス
- ☐ 不動産仲介
- ☐ オフショア開発
- ■ その他（E メールマーケティング支援）

■対応国

- ☐ フィリピン
- ☐ インドネシア
- ☐ シンガポール
- ■ マレーシア
- ■ ベトナム
- ☐ カンボジア
- ☐ ラオス
- ■ タイ
- ☐ ミャンマー
- ☐ ブルネイ

■代表者プロフィール

美濃　和男
株式会社エイジア　代表取締役

1965 年生まれ。株式会社第一勧業銀行 (現株式会社みずほ銀行) へ入行後、2005 年に同社に入社、取締役就任。
2009 年に代表取締役へ。E メールを活用し、顧客満足度を高めたり、売上の向上を狙う企業に対し、さまざまなソリューションを開発し、提供している。

■実績

2009年以降、アジア市場への参入を積極的に展開。中国展開においては中国向けECモール「バイジェイドットコム」を運営するSBIベリトランス（現：ベリトランス）社との業務提携し、主力製品のメール配信システム「WEB CAS e-mail」を、中国最大の電信電話会社チャイナテレコムブランドのSaaSサービスとして拡販させるための取り組みを推進。2011年4月には、ベトナム市場進出を前提に、ブレインワークス子会社アジアビジネスインベストメント社への出資を行い、ベトナム市場における情報収集やEメールマーケティングも開始しています。また、タイにおいても、システム開発およびITコンサルティング業務に携わるRnA社と提携し、メールマーケティングシステム「WEB CAS」シリーズの販売をスタートしています。

■提供サービスの特徴

メール配信システム「WEB CAS e-mail」
毎時300万通以上の高速配信が可能なPC・携帯対応メール配信システム。大量配信はもちろん、お客様ごとに最適化されたメールの生成と配信を実現。

アンケートシステム「WEB CAS formulator」
誰でも簡単にWebアンケートや各種Webフォームを作成できるシステム。外部に委託していたアンケートフォームの作成を、担当者が構築でき、時間とコストを大幅に削減。

メール共有システム「WEB CAS mailcenter」
問い合わせ窓口に届いたメールやフォームからの問い合わせをサーバ上で一元管理することで、二重対応や対応漏れを防ぎ、適切なメール対応を実現するシステム。

携帯メール配信エンジン「WEB CAS Mobile Express」
PC向けでは起きなかった配信遅延、不達、文字化けなどのトラブルがつきまとう携帯メール配信。＜携帯メール配信にまつわる各種トラブル＞を解決するメール配信エンジン。

■PRポイント

当社は2009年以降、アジア市場への展開を拡大してきました。そして、各国のメール文化に適応したソリューションを提供できる環境の整備を進めています。成長著しいアセアン諸国においても、今後は益々、ECは盛んになっていくと想定されます。Eメールは万国共通で利用されているツールです。このツールを武器にして、アジア諸国において、日本企業に大活躍してもらいたい。そのためのさまざまなソリューションを提供していきます。ぜひ、海外展開をお考えの企業様はご相談ください。

優成監査法人／優成アドバイザリー株式会社

公正なディスクロージャーの実現を目指して

■所在地・連絡先（日本）

住所	東京都中央区八重洲 1-6-6 八重洲センタービル 4 階
TEL	03-3517-3421
FAX	03-3517-3422
URL	http://www.yusei.or.jp/
E-MAIL	komatsur@yusei.or.jp　an.kwiha@yusei.or.jp
担当者	小松　亮一、安　貴夏

■提供サービス

- ■ 進出支援サービス
- ■ 税務・会計
- □ 法務・知的財産保護
- □ 人材支援
- ■ 視察コーディネート
- □ オフィスサービス
- □ 不動産仲介
- □ オフショア開発
- ■ その他（M&A、会計監査、内部統制、リスクアドバイザリー）

■対応国

- ■ フィリピン
- ■ インドネシア
- ■ シンガポール
- ■ マレーシア
- ■ ベトナム
- ■ カンボジア
- □ ラオス
- ■ タイ
- □ ミャンマー
- ■ ブルネイ

■代表者プロフィール

加藤　善孝
優成監査法人　統括代表社員・公認会計士

1959 年 8 月 17 日生　千葉県出身　早稲田大学政治経済学部卒
1983 年　プライスウォーターハウス入所
1994 年　山田＆パートナーズ会計事務所（現在、税理士法人山田＆パートナーズ）入所
1999 年　優成監査法人 代表社員に就任（現在、統括代表社員）
「金庫株の税・会計・法律の実務」優成監査法人編（中央経済社）等執筆多数

■実績

優成グループはクロウ・ホーワス・インターナショナル（以下 CHI）の国際会計ネットワークとともに、シンガポール、台北、ジャカルタ、バンコク、ホーチミン、ハノイ、デンバー、シドニー等にジャパンデスク等を立ち上げています。日本人公認会計士とその専門家チームが日本企業の海外進出支援及び現地の日系企業に様々なサービスを提供しております。
シンガポールでは、監査、税務、会社秘書役、記帳代行等をメインに日系企業へサービスを提供しています。
台湾では、会社設立、会計監査と税務監査、税務申告代行、内部統制アドバイザリー、記帳代行、決算書作成業務、台湾における各種ライセンス取得代行業務等を行っております。
ジャカルタは、日系企業への会計・税務セミナー開催など現在企画しており、監査、税務、コンサルティングサービス等を提供しております。

■提供サービスの特徴

優成監査法人及び優成アドバイザリー株式会社は、全世界109カ国、567都市に拠点を有し、約28,000名の職員を擁するネットワークを持つCHIのメンバーファームです。

優成グループは、CHIのネットワークを通じて日本企業が海外進出をスムーズに行えるよう、国際的な会計・監査・税務・コンサルティング等の分野で様々なニーズに対応致します。

シンガポールを始め、他の国々への進出を希望する日本企業に対し、海外進出計画立案、設立、会計・税務業務、並びに管理体制構築等のサービスを提供致します。同様に、外国企業が日本へ進出するための法的対応を支援するために高品質かつ信頼性の高いアドバイザリーサービスとコンプライアンスサービスを幅広く提供致します。

■ PR ポイント

CHIは各国事務所のトップ同士が密接な関係にあるネットワークです。そのためトップダウンの指示が明確且つフットワークが良く、常に顧客目線でビジネスを行っており顧客満足度も高いと自負しています。日本国内においても、地方のニーズに対してもスムーズに対応することができるよう拠点を有しています。
アジアビジネスの成功ポイントは、現地の生の情報の入手、深く強い人脈の構築、優れたブレインの確保です。この成功ポイントの実現に向けて総合的な支援が可能です。

FUJI COMPUTER NETWORK CO., LTD. (FUJINET)

総売上の 95%が日本市場向け開発

■所在地・連絡先（現地）

住所	WASECO Building, 10 Pho Quang Street, Tan Binh Dist., Hochiminh City.
TEL	(84)8-3847-7000
FAX	(84)8-3847-5000
URL	http://www.fujinet.net
E-MAIL	info@fujinet.net（日本語可）
担当者	NGUYEN NGOC HONG HANH

■提供サービス
- ☐ 進出支援サービス
- ☐ 税務・会計
- ☐ 法務・知的財産保護
- ☐ 人材支援
- ☐ 視察コーディネート
- ☐ オフィスサービス
- ☐ 不動産仲介
- ■ オフショア開発
- ☐ その他

■対応国
- ☐ フィリピン
- ☐ インドネシア
- ☐ シンガポール
- ☐ マレーシア
- ■ ベトナム
- ☐ カンボジア
- ☐ ラオス
- ☐ タイ
- ☐ ミャンマー
- ☐ ブルネイ

■代表者プロフィール

Nguyen Dang Phong（グエン・ダン・フォン）
FUJI COMPUTER NETWORK CO., LTD. 代表取締役
1987 年 7 月 国立ホーチミン市工科大学電子学部を卒業
1987 年 9 月～ 1992 年 5 月 ベトナム・コンピューター社のホーチミン支店に勤務
1992 年 6 月～ 1994 年 6 月 日本コトブキ社のベトナム駐在事務所の所長補佐
1994 年 7 月～ 1996 年 6 月 伊藤忠系列会社の CRS 社で研修
1996 年 7 月～現在　ベトナムに帰国後 Fujinet を創立し現在に至る

■実績

以下の日本企業に対してオフショア開発を行っています。
ACTNET(株)／ALLEXCEED(株)／内田洋行（株）／ウチダシステムソリューション（株）／ウチダエスコ（株）／日産車体コンピュータ（株）／サイゴンシステムソリューションズ（株）／テクノウェア（株）／日本オフィスシステム（株）／日本通信紙（株）／ハツアンドソウル（株）／日立システムズ（株）／日立ソリューションズ（株）／三菱電機インフォメーションシステムズ（株）／三菱電機インフォメーションテクノロジー（株）／三谷コンピュータ（株）／三谷産業（株）

以下のベトナムの日系企業に対してソフトウェアの導入、保守サービス、ネットワーク設定などを行っています。
伊藤忠商事ホーチミン支店／PLUSベトナム工場（日本）／きものの生産工場—PROCEEDING

■提供サービスの特徴

1) 日本企業とのオフショア開発実績が豊富
設立当初から日本企業を対象とした受託開発を行っており、日本企業と20年来の取引経験がある社長をはじめ社員は皆、日本文化、商習慣を理解し、団結力、努力、向上心、責任感、社会貢献等の意識を持って業務に取り組み、お客様から高い評価を頂いております。

2) 優秀な技術者集団
社員の大多数は大学の情報学部を卒業しております。

3) 日本語による開発
ソフトウエア開発及び連絡事項も日本語環境で行っております。

4) 日本とベトナム間の回線環境
インターネット回線、ＴＶ会議等ベトナム国内における最先端設備を保有しています。

5) セキュリティ管理の徹底
当社では「セキュリティ・マネージメント・グループ」を組織化し、社員に対する情報セキュリティ管理・保護・維持の徹底に努めています。

■ PRポイント

当社には、日本企業と約12年取引を行ってきた実績があります。
高品質、納期厳守、ベストプライスを経営の指針とし、誠実、尊重、共存共栄をモットーとして、お客様にご満足いただける質の高いサービスの提供を心掛けております。
当社では専門の翻訳者が約20名所属しており、お客様とのメールのコミュニケーションも日本語で対応することが可能です。

A.I.Network(Thailand)Co.,Ltd.

アジア進出における、会計・税務・法務の
ワンストップ・コンサルティングサービス

■所在地・連絡先

住所（日本） 東京都港区新橋5-6-4　トゥシェ新橋402号（A.I.ネットワーク㈱）
TEL 03-6809-1354 ／ **FAX** なし／ **URL** http://www.aingroup.asia/index.html
住所（現地） 25th Floor, UM Tower 9/256 Ramkhamhaeng Road, Kwaeng Suangluang, Khet Suangluang, Bangkok 10250, THAILAND
TEL (66)2-719-9117 ／ **FAX** (66)2-719-9118 ／ **URL** http://www.aingroup.asia/index.html

■提供サービス

- ■ 進出支援サービス
- ■ 税務・会計
- ■ 法務・知的財産保護
- □ 人材支援
- □ 視察コーディネート
- □ オフィスサービス
- □ 不動産仲介
- □ オフショア開発
- ■ その他（法定監査・デューデリジェンス・内部監査・不正調査、会計ソフトの販売、導入サポート、FS調査、開発コンサルティング）

■対応国

- ■ フィリピン
- □ インドネシア
- ■ シンガポール
- ■ マレーシア
- ■ ベトナム
- □ カンボジア
- □ ラオス
- ■ タイ
- ■ ミャンマー
- □ ブルネイ
- ■ その他地域（モンゴル）

■代表者プロフィール

井上　慶太

A.I.N.グループ　代表　公認会計士・税理士
1996年バンコクの日系会計事務所入所。1998年東京で独立。在日外資系企業等に対する会計税務・内部監査サービス、上場企業に対する法定監査業務を実施。タイやベトナム、モンゴルでのODA関連プロジェクトにおいて、政府職員に対する経営管理の技術移転、キャパシティビルディングプロジェクト等に参画。2001年に当社設立。2008年ベトナム、モンゴル、2012年シンガポール、ミャンマーに現地法人設立。

■実績
タイ、ベトナム、シンガポール、マレーシア、フィリピン、ミャンマー、モンゴルにおける、進出支援、会計業務・監査業務実績多数。

■提供サービスの特徴
当社は、会社設立・投資許可取得から、その後の会計、税務、法務、監査に至るまでワンストップ・サービスを提供します。
アセアン・日本の制度に精通しているため、連結決算、移転価格等グループ取引の問題において各国の利害を一致させるソリューションが提供可能です。また、中国・インド・米国にも専門家ネットワークを有します。

【会計・財務】
①四半期決算・連結決算レポート作成支援 ②経理担当者採用支援
③決算早期化支援コンサルティング ④会計ソフトウェア導入コンサルティング ⑤月次巡回監査（月次決算レビュー）

【法務・税務】
①会社設立・投資奨励許可・その他許認可申請手続代行
②税務調査・税務照会支援 ③就業規則等社内規則作成支援 ④ビザ・労働許可証申請手続代行 ⑤ EPA ／ FTA 活用コンサルティング

【監査・調査】
①法定監査 ②出資・提携のための財務・税務・法務調査（デューデリジェンス）③内部監査・ J －ＳＯＸコンサルティング

■ PR ポイント
当社は、タイ、ベトナム、シンガポールや近隣諸国に進出している日本企業に対して、会計・法律に関するワンストップ・コンサルティングサービスを日本で受けられるサービスと同レベルの品質で提供できるよう精進しています。また、昨今クローズアップされているミャンマーにも拠点を設立し、アセアン地域内での日本企業の活動を幅広くサポートしています。

【当社ポリシー】
①アジア各国の現地事情に精通している日本人専門家がサポートします。
②お客様の立場に立って実現可能なアドバイスを行います。
③お客様が経理業務や許認可届出といった実務作業をご自身で正確に行えるようなサポートを行います。
④お客様の日本本社を含めたグループ全体がメリットを享受できるようなアドバイスを行います。
⑤お客様のご予算に合わせたスコープで業務を行います。
⑥ BOP ビジネス等開発コンサルティングの経験も活かした新興国でのビジネスのサポートを行います。

ソルバーネットワーク株式会社

日本で幸せに働きたい全ての外国人の為に

■所在地・連絡先（日本）

住所	東京都渋谷区代々木 1-21-3 プリマベーラ代々木 202
TEL	03-6276-2371　**FAX**　03-6276-2381
URL	http://www.solvernet.com/, http://www.japan-career.jp/ http://www.japan-careertalk.jp/
E-MAIL	info@solvernet.jp
担当者	安達　哲男

■提供サービス
- ☐ 進出支援サービス
- ☐ 税務・会計
- ☐ 法務・知的財産保護
- ■ 人材支援
- ☐ 視察コーディネート
- ☐ オフィスサービス
- ☐ 不動産仲介
- ☐ オフショア開発
- ☐ その他

■対応国
- ☐ フィリピン
- ☐ インドネシア
- ☐ シンガポール
- ☐ マレーシア
- ■ ベトナム
- ☐ カンボジア
- ☐ ラオス
- ■ タイ
- ☐ ミャンマー
- ☐ ブルネイ

■代表者プロフィール

安達　哲男

ソルバーネットワーク株式会社　代表取締役
1986年アルプス・トラベル・サービス（株）入社。その後、アメリカン・エキスプレス・インターナショナルインク、東京個別指導学院、テクノブレーン（株）〈在籍期間2年半でスカウト入社決定実績　105名〉、日本コーン・フェリー・インターナショナル（株）、朝日アーサーアンダーセン（株）、フルキャストテクノロジー（株）を経た後、2005年当社設立。代表取締役副社長に就任。2010年代表取締役に就任。

■実績

- アジア地域に進出している大企業を中心に、国内外主要大学を卒業予定の新卒や第2新卒クラスの若手で、日本語が堪能且つ『日本びいき』な高度外国人をご紹介します。
- タイでのセミナーを開催しました。
- ベトナム、ロシア、フランス、ハンガリーでの個別企業に対するリクルーティングセミナーを開催しました。

■提供サービスの特徴

『Japan Career』では、アジア出身で日本や海外の主要大学に通う日本語が堪能な学生且つ「日本びいきな方」を、企業文化の適合性などもしっかりとヒアリングした上で顧客企業にご紹介しています。
その結果ご入社された方々は全員、2011年3月の震災時にも帰国することなく日本人と同じように業務を継続されていました。そういった日本への思い入れが強い方をご紹介できることが当社の強みです。

新サービスの『Japan Career Talk』は、将来日本への留学や就職を検討している10代後半から20代の若者を対象に、ご採用担当者やキャリアコンサルタントなどがカウンセリングを行うサービスです。
ご採用担当者は自社製品やサービスについて、当サイトにてプロモーションをして頂くことが可能です。また、会話を通してご縁がありご採用が決まった場合にも、採用コストは通常の紹介サービスと比較して1/3以下で済み、かなり低予算でのご採用が可能です。登録料なども一切ございませんので、成功報酬型のお得なサービスとなっております。

■PRポイント

海外事業で成功するポイントは、「現場のことは現地の人を信頼して任せること」だとよく言われますが、そこで重要になってくるのはやはり「現地の人材」ではないでしょうか。
優秀さに加え、日本の商習慣、考え方、コミュニケーションを理解している「日本びいきな方」との出会いが、成否を分けると言ってもいいかもしれません。そんなご縁を創り出すことが、当社のプロフェッショナルとしての仕事です。

ジー・エー・コンサルタンツ株式会社

「日本とベトナムの距離をなくす」

■所在地・連絡先（日本）

住所	東京都渋谷区千駄ヶ谷5-27-7　日本ブランズウィックビル9F
TEL	03-6380-5721
FAX	03-5369-8671
URL	http://gagr.co.jp/
E-MAIL	info@gagr.co.jp
担当者	北嶋（東京）・井上（大阪）・西川（名古屋）

■提供サービス
- ■ 進出支援サービス
- □ 税務・会計
- □ 法務・知的財産保護
- ■ 人材支援
- ■ 視察コーディネート
- □ オフィスサービス
- □ 不動産仲介
- □ オフショア開発
- ■ その他（採用・労務・総務のアウトソーシング）

■対応国
- □ フィリピン
- □ インドネシア
- □ シンガポール
- □ マレーシア
- ■ ベトナム
- □ カンボジア
- □ ラオス
- □ タイ
- □ ミャンマー
- □ ブルネイ

■代表者プロフィール

勝本　健司
ジー・エー・コンサルタンツ株式会社
代表取締役

1964年、兵庫県生まれ。大学卒業後、株式会社リクルートに入社、一貫して人材採用広告の事業部に勤務。大手企業からベンチャー企業、農水産業からアミューズメント業界まで幅広い企業の採用支援を行う。在職中は社内論文1位受賞や期初の全社衛星放送の総合司会を務める。
1995年にジー・エー・コンサルタンツ株式会社を設立、代表取締役に就任。

■実績

1996年より、ホーチミン工科大学日本語クラスを運営、卒業生800名以上を日本に招聘してきました。日本でのベトナム人留学生の就職斡旋も行っています。多くのベトナム進出支援を行ってきました。在ベトナム日系企業への人材紹介や採用・労務管理業務の受託をはじめ、東京でのベトナムフェスティバル事務局（2009年以降）やホーチミンでの大阪フェスティバル運営（2012年）も行っています。

■提供サービスの特徴

1995年の創業以来18年間、一貫してベトナムでの人材育成・就職支援を行っています。
ホーチミン工科大学・ホーチミン技術師範大学と提携し、ベトナム人技術者への日本語教育及び日本招聘も行っています。日本でのベトナム人留学生の就職斡旋やベトナム進出支援、在ベトナム日系企業への人材紹介から採用・労務管理業務の受託も行っており、日系企業で働くベトナム人スタッフの為の日本語教育プログラムも運営しています。

■PRポイント

「日本とベトナムの距離をなくす」を企業理念に、優秀なベトナム人の方を日本企業で雇用する提案をしています。
またベトナムにおける現地の優秀な人材に着目し、人材育成事業にも取り組んでおります。
事業を通じ、ベトナムと日本の架け橋になることが、私たちの使命です。
ジー・エー・コンサルタンツ株式会社のジー・エー（G.A.）は、「General Agents in the Growing Asia」のGとAをあらわしています。
つまり「成長するアジアビジネスの総代理人」になるべく、これまで培った人材のノウハウを活かし、ベトナムをはじめ、アジアの経済発展に貢献できる存在でありたいと願っております。

ベトナム人は真面目で勤勉だといわれます。向学心旺盛で、仕事を根気強くコツコツと行う国民性は、日本企業の職場環境にもあっているでしょう。同時に、理数系の能力に長けたベトナム人には、技術者に対する適性があるといえます。
また、ベトナム人は親日的で、日本で働くことに憧れる人も多くいます。日本とベトナム政府との経済的な関係も緊密化し、日本企業の進出・投資にも好意的です。
ベトナムの最大の資源は『人』です。強い信頼関係を築く努力によって、ベトナムでの組織運営は円滑に機能すると考えています。

AMZ Group

「ラオスに世界を！ラオスから世界へ！」をモットーとする若きスペシャリストが揃う集団

■所在地・連絡先

住所（日本） 東京都新宿区西新宿 3-1-3　西新宿小出ビル 11F
TEL 03-6302-0311 ／ **FAX** 03-6302-0312 ／ **URL** http://www.amz-international.com
E-MAIL info@amzgp.com ／**担当者** 黒崎

住所（現地） No.175 Unit 9, Saphanthong Kang Village, Sisattanak District Vientiane Capital, Lao PDR
TEL (856)21-315683 ／ **FAX** (856)21-316096 ／ **URL** http://www.amzgp.com
E-MAIL info@amzgp.com ／**担当者** Mr. Chittakone

■提供サービス

- ■ 進出支援サービス
- ■ 税務・会計
- ■ 法務・知的財産保護
- ■ 人材支援
- ■ 視察コーディネート
- ■ オフィスサービス
- ■ 不動産仲介
- □ オフショア開発
- ■ その他（翻訳通訳サービス）

■対応国

- □ フィリピン
- □ インドネシア
- □ シンガポール
- □ マレーシア
- □ ベトナム
- □ カンボジア
- ■ ラオス
- □ タイ
- □ ミャンマー
- □ ブルネイ

■代表者プロフィール

シータラ・アリワン
AMZGroup、株式会社アムズインターナショナル　代表取締役会長
ラオス出身。23歳で起業し、現在ラオスにホテルをはじめ、飲食業、建設業、旅行業、鉱山業など複数会社を経営する。ラオス・タイ・日本・ベトナム・英語と5カ国語を巧みに操り、近隣諸国はもとより『世界各国を「秘めたる国」ラオスへ誘致し、「若く活力にあふれる」ラオスを世界に飛躍させる』をモットーに活躍するラオスで最も注目される若手企業家の一人。

■実績
○法人登記・進出支援
- 旅行会社法人設立（某大手日系旅行会社）
- 鉱山買収と鉱山会社設立（某大手日系鉱業会社）
- 金融関係の法人設立（某大手日系金融会社）
- 縫製業種の法人登記と工場設立　多数
- その他、各業種法人登記、営業許可、調査業務、外注先・提携先のアレンジメント等。農業進出支援分野でも、大手企業からの依頼を受け、多数の支援実績あり。

○翻訳通訳業務多数（官公庁、JICA、JETRO、大手企業など多数）

■提供サービスの特徴

ラオスという国は、世界に残る社会主義国5つの内のひとつ。1975年の開国からまだ間もない国である為、法整備も遅れており、すべてにおいて手探り状態の国です。一般情報ひとつ得るのも時として極めて困難な国であります。たとえば法人登記、各種政府許可等を得るのも時間、労力を要し、現在もこれらの難易度が大変高い国です。

当社は、ラオス国内において官民問わず多くの人脈を持つ代表をはじめとし、ラオス人が、ラオスの国に根を張ってビジネス展開をしているところが強みです。当社のラオスにおける人脈は、形にあらわせないほどの評価を日本及び海外で受けています。

紙1枚から国土、国策事業に至るまで、「不可能かも知れないを可能」にする会社がAMZです。「ラオスに世界を！ラオスから世界へ！」をモットーとする若きスペシャリストが揃う集団です。

■PRポイント

ラオスは人口650万人足らずの小さな国です。この国では、優秀な人材と素晴らしいパートナーに出会うことが出来るかということが、成功を左右すると言われています。

私たちAMZGroupは若い会社です。しかし日本をはじめとする極めて優秀な海外経験者を迎え入れ、いかなるビジネスにも対応できる体制を整えております。

現在、ラオスは「国創り」をしています。社会資本整備をはじめとした、ラオスの国家事業の為には、各分野で世界的評価の高い日本の企業を歓迎し、是非ともラオスにお迎えしたいと、当社だけではなく政府も表明しています。ラオスでのビジネスを是非ともご勘案下さい。ラオスを知り尽くし、ラオスと日本の為になる最善の方法を熟知している我々が、ラオスでのビジネスが大きく飛躍するようお手伝いをさせて頂きます。

インターナショナルエクスプレス株式会社

高品質の物流事業を提供し、
国内・海外の地域経済の発展に貢献する企業を目指す。

■所在地・連絡先

住所（日本） 東京都港区海岸 2-1-17
TEL 03-3452-5531 ／ **FAX** 03-3452-8774 ／ **URL** http://www.iecjp.com/
E-MAIL y-tsubouchi@iecjp.com ／**担当者** 本社営業推進室　坪内
住所（現地） 4th Floor, Do Tran Bldg, 2A Nguyen Thi Minh Khai Street, Da Kao Ward, District 1, HCMC, Vietnam
TEL (84)8-3521-0054 ／ **FAX** (84)8-3827-0798 （HCMC Rep. Office）
E-MAIL s-hiromori@ieclogistics.com.vn ／**担当者** Mr. Satoshi Hiromori

■提供サービス

- ☐ 進出支援サービス
- ☐ 税務・会計
- ☐ 法務・知的財産保護
- ☐ 人材支援
- ☐ 視察コーディネート
- ☐ オフィスサービス
- ☐ 不動産仲介
- ☐ オフショア開発
- ■ その他（国際総合物流）

■対応国

- ■ フィリピン
- ■ インドネシア
- ■ シンガポール
- ■ マレーシア
- ■ ベトナム
- ■ カンボジア
- ☐ ラオス
- ■ タイ
- ■ ミャンマー
- ☐ ブルネイ

■代表者プロフィール

滝澤　厚
インターナショナルエクスプレス株式会社
代表取締役社長
長野県出身。1970年早稲田大学卒業、海運会社に入社。2000年当社に入社、欧州現地法人に出向。2003年京浜海港支店支店長、2004年取締役就任、香港現地法人社長。2006年当社常務、2007年専務を経て11年、代表取締役社長に就任。海運会社勤務を通じ、バンコク、ロンドン、香港などの海外勤務が永く当社の海外展開においても陣頭指揮。趣味は読書、お酒、ゴルフ。

■実績
当社は古くから生鮮貨物や緊急貨物の扱いで実績を積み、2012年のロンドンやこれまでの夏冬オリンピックにおいてテレビ局、新聞社、通信社の機材輸送を取扱い、サッカーワールドカップ、水泳、柔道選手権などの世界的競技会や国際展示会、有名アーティストの日本公演などの中継機材、楽器、装置などの輸送も扱ってきました。最近はアジアでの一般貨物、海上貨物も増えています。アセアンにおいては、

* ベトナムでは現地物流業者の協力も得て、日系機械メーカー様の工場物流管理から輸出入通関、国際運送及び各国からの部材調達に係る手配や、日系アパレルメーカー様の海外仕入れに係る輸送、輸入通関までの一貫物流サービス提供や保税倉庫を仲介した3カ国貿易スキームのお手伝いをしています。
* 経済産業省、アパレル業界様等主催によるチャイナプラスワン物流視察のアドバイザーとしてベトナム拠点からアセアン各国視察、調査の協力を行い、他のお客様からも要望を受け、ベトナム、カンボジアなどの靴、雑貨などメーカーの情報提供を行いました。
* タイ、インドネシアでも永年に渡る提携代理店の協力を得て日本、アジア拠点から出向きお客様と現地で打合せ、自動車部品・生産設備等の日本発海上航空輸出とその製品輸入の輸送を扱っています。

■提供サービスの特徴
1956年創業で業界初365日24時間フルタイムサービスを実現し、報道ニュース素材の取扱を通じ緊急貨物のパイオニアとしてスタートし、小規模ながら総合物流業者として航空、海運、倉庫保管、国内運送、流通加工などの事業をベースに大規模物流システム構築から、各種運送事務や小口運送まで、柔軟性を持って対応します。

営業の拠点として東京、名古屋、大阪、福岡に支店があります。ロス、ロンドンに現地法人があり、アジアでは台湾、香港、上海に現地法人を構え、上海をベースに深セン、青島支店と大連事務所があり、中華圏ネットワークを作り、2010年にホーチミンに駐在員を配置、日・越・アセアンを結ぶ国際物流網を拡大していきます。

■PRポイント
品質ISO9001(全国航空貨物)、環境ISO14001(国内運輸部門倉庫等)、AEO(特定保税承認者)、プライバシーマーク（個人情報保護）等を取得しており「迅速、正確、信用」をモットーに高品質の物流サービスを提供し大手運送業者にはない小回りときめ細かいサービスでお応えします。案件の大小に拘らず安心してお気軽にお声掛け下さい。

Nhat Tinh Viet Joint Stock Company

一冊の本がきっかけで、ベトナムの上場企業からの問合せが殺到！日越政府の相談役にまでなった企業

■所在地・連絡先
住所（日本）　広島県福山市西町二丁目10番1号　福山商工会議所8階
TEL　084-921-1995 ／ FAX　020-4669-9078 ／ URL　www.nhattinhviet.com
E-MAIL　info@nhattinhviet.com ／担当者　飯島淳
住所（現地）　281-287 Nguyen Thien Thuat, P.1, Q.3, TP.HCM, Vietnam
TEL　(84)8-3938-1651 ／ FAX　(84)8-3938-1650 ／ URL　www.nhattinhviet.com
E-MAIL　info@nhattinhviet.com ／担当者　中川秀彦

■提供サービス
- ■ 進出支援サービス
- □ 税務・会計
- □ 法務・知的財産保護
- ■ 人材支援
- ■ 視察コーディネート
- ■ オフィスサービス
- □ 不動産仲介
- □ オフショア開発
- ■ その他（投資コンサル、現地従業員向け5sトレーニング、セミナーの講師・運営・企画、専門学校事業）

■対応国
- □ フィリピン
- □ インドネシア
- □ シンガポール
- □ マレーシア
- ■ ベトナム
- □ カンボジア
- ■ ラオス
- □ タイ
- □ ミャンマー
- □ ブルネイ

■代表者プロフィール

中川　秀彦
Nhat Tinh Viet Joint Stock Company（日越投資コンサルタント（株））会長、有限会社YAMATO会長
日興證券、プルデンシャル・ベーチェ証券を経て（有）インターネットサービスを設立。2006年に著書『グッドモーニングベトナム株』のためのインタビューがきっかけでベトナムの上場企業からの相談や要望を受けることとなり現在の事業をスタート。福山発の経済誌『経済リポート』にて「なかさんの基礎講座」の連載を担当しています。

■実績

【駐在員事務所、法人設立支援】
建設会社、産業廃棄物処理業者、飲料会社等

【ベトナム人人材の紹介】
日本のIT企業に日本勤務のベトナム人SEを紹介

【5Sトレーニングサービスとセミナー】
ベトナム企業、シンガポール企業等多数

【現地視察アテンド】
工業団地、原材料調達元、農地、消費者調査、企業訪問等多数

【セミナー企画・運営】
ロンアン省投資セミナー、企業内のプロジェクト勉強会等多数

■提供サービスの特徴

【ベトナムでの信頼】
ホーチミン市内に事務所を持ちベトナムに軸足を置いているため、ベトナム企業の人脈と取引実績によりベトナム企業からの信頼をいただいている点が大きな強みです。

【現地有力企業の経営者との繋がり】
ベトナムとラオスの企業紹介書籍を執筆しており、それぞれの有力企業の代表者または幹部とのつながりを持っているため、彼らの日本への窓口として日々様々な案件が届きます。タイミングさえ合えば、日本企業様からのご要望とのマッチングが可能です。

【日系初の越日専門学校設立】
ベトナム企業との合弁会社の事業として専門学校事業を展開する等、ベトナムの未来に貢献できることが当社の存在意義の一つです。

【日越双方の公的機関と強固な繋がり】
JICA PPP事業等の案件発掘や調整、FS参加の実績により、日本とベトナム双方の公的機関との揺るぎない関係を構築しています。

■PRポイント

当社はベトナムで数あるコンサルティング会社の中でも、唯一ベトナム企業に軸足を置く会社です。私たちはベトナム企業紹介書籍『グッドモーニングベトナム株』(牧歌舎)を製作するにあたり上場企業120社へのインタビューを行いました。これらの企業との人間関係を構築してきたことが糧となり、現在ではベトナムの企業や行政が、日本に対して持っている要望を実現することも、一つの事業として取り組んでおります。当社が持つベトナム側との確かな関係により、日本企業の皆様方のご要望にもお応えできると確信しております。

Matching & RelationShip Consulting Co.,Ltd.

飲食チェーン、サービスチェーンに特化した
タイ進出支援・日タイビジネスマッチング

■所在地・連絡先（現地）

住所	139 Soi Sukhumvit 63 Klongton Nua Wattana Bangkok 10110
TEL	(66)2-713-8664
FAX	(66)2-713-8664
URL	http://www.marcthai.com
E-MAIL	info@marcthai.com
担当者	Sayanee Chencharoen

■提供サービス
- ■ 進出支援サービス
- □ 税務・会計
- □ 法務・知的財産保護
- ■ 人材支援
- ■ 視察コーディネート
- □ オフィスサービス
- ■ 不動産仲介
- □ オフショア開発
- ■ その他（飲食店などのサービス業、小売業を専門とするタイ進出支援サービス）

■対応国
- □ フィリピン
- □ インドネシア
- □ シンガポール
- □ マレーシア
- □ ベトナム
- □ カンボジア
- □ ラオス
- ■ タイ
- □ ミャンマー
- □ ブルネイ

■代表者プロフィール

THAILAND
MARC
MATCHING & RELATIONSHIP CONSULTING CO.,LTD

共に15年以上の実務実績のあるタイ人と日本人の共同代表によるコンサルティング会社。特に、飲食店などのサービス業や小売業の日本からタイへの進出サポートを専門としており、中でもタイパートナーマッチングや店舗開発、物件開発分野が得意。

タイパートナーとのビジネスマッチング、物件取得、会社設立、人材紹介、オープン前後のサポートとワンストップでコンサルティング＆サポートを実施。

■実績

- 和食レストラン、居酒屋、ラーメン店など日本からの飲食店の一連のタイ進出サポート
- 家具販売店、自動車パーツ販売店など小売店の一連のタイ進出サポート
- タイの取引先、代理店のマッチング
- タイの店舗物件仲介、商業施設へのリーシング、不動産仲介

■提供サービスの特徴

リアルな現場を理解した少数精鋭のコンサルティング&サポート

タイ（異国）でのビジネスは、日本では考えられないようなあらゆる問題に直面します。

当社は、日本とタイで、飲食の現場、小売りの現場、店舗開発の現場とリアルな現場をしっかり理解した日本人代表と、タイで日タイマッチングの16年以上の実績を持つ経験豊かなタイ人代表の必ずどちらかが、メインコンサルタントしてプロジェクトに加わります。クライアント様から頂いた大切なプロジェクトをしっかり成功させたいため、同時に抱えるプロジェクトを4件までと限定するなど、徹底した管理を行っています。

■PRポイント

アセアン進出の登竜門タイ・バンコク。バンコクで成功をおさめアセアンで拡大を目指す日本のチェーン店が増加しています。

タイの外食産業の2011年の市場規模予測は1,900億バーツ、潜在数字を含めると3,000億バーツと推測されており、日本食レストランは毎年10%〜15%の成長率を誇っています。

国民の98%が「日本が好き」という親日国であり、米を主食にする一方で、麺類を好むという食文化や国民の95%が仏教徒である倫理観や道徳観など日本と共通した部分も多いです。

2011年11月11日設立と社歴は短いものの、既に多くの飲食チェーン、サービスチェーンの進出設立をサポートさせていただいております。実績の紹介の許可をいただきましたクライアント様については随時ホームページに掲載しておりますのでご覧ください。（http://marcthai.com/）

Indonesia Research Institute Japan Co.,Ltd.

インドネシアに特化したワンランク上のコンサルティング

■所在地・連絡先（日本）

住所	東京都渋谷区代々木1-21-8　クリスタルハウス5階
TEL	03-5302-1260
FAX	03-5302-2352
URL	http://www.indonesiasoken.com
E-MAIL	info@indonesiasoken.com
担当者	アルビー

■提供サービス

- ■ 進出支援サービス
- □ 税務・会計
- □ 法務・知的財産保護
- □ 人材支援
- ■ 視察コーディネート
- ■ オフィスサービス
- ■ 不動産仲介
- □ オフショア開発
- ■ その他（市場調査）

■対応国

- □ フィリピン
- ■ インドネシア
- □ シンガポール
- □ マレーシア
- □ ベトナム
- □ カンボジア
- □ ラオス
- □ タイ
- □ ミャンマー
- □ ブルネイ

■代表者プロフィール

アルベルトゥス・プラセティオ・ヘル・ヌグロホ
Indonesia Research Institute Japan Co.,Ltd.
代表取締役社長

日本在住11年目。東京大学にて物理学を専攻、東京外国語大学にて日本課程を専攻。
インドネシア語講師、通訳を経て、(株)インドネシア総研代表取締役社長に就任。
主にインドネシアへの進出から事業全般までのコンサルティングを提供。
企業、省庁での講演実績多数。

■実績
スクラップメーカー：事業進出策定支援、視察、現地法人設立サポート
大手コンサルティング会社：視察のためのアポイントメント代行から各種手配
大手システム開発会社：競合企業に関する実態調査

　　　　　　　　　　　　　　　　　　　　　　　　　　　　　　　　　など

■提供サービスの特徴
これまで約 2 千社の企業や政府機関、地方自治体、地域金融機関にコンサルティングを提供、またインドネシアビジネス 18 年余の経験を背景に、製薬業界、自動車業界等多岐にわたる業種の進出・経営支援に豊富な実績を持つ当社コンサルタントが事業進出を支援いたします。

- **市場調査**：お客様の意向やニーズを十分に汲み取りながら、様々な市場調査を行っております。魅力あふれる 2.3 億人のインドネシア市場の調査は、是非ご相談ください。
- **ビジネス代行・コンサルティング**：政治・経済・社会・文化・若者のライフスタイルから企業進出まで、お客様がお知りになりたいインドネシアを専門家が丁寧にコンサルティングいたします。
- **企業情報提供・デューデリジェンス**：インドネシアの企業情報を日本にいながら取得できます。パートナーのリスク管理にお役立てください。
- **現地視察・アポイントメント代行**：インドネシアを知るにはとにかく現地へ。でも単なる物見遊山では、お客様の次の戦略を立てるには不十分です。短期間で最良の効果が出る現地調査視察を行っています。
- **通訳・翻訳**：インドネシア語・日本語・英語に特化し、スピーディに対応いたします。
- **セミナー・各種講座**：各分野に特化したコンサルティングによるセミナーを随時実施しております。

■PR ポイント
インドネシアに特化した調査・コンサルティング会社です。
日本オフィスと現地との間のコミュニケーションはインドネシア人が行い、さらに現地に幅広いネットワークがあることから、的確でスピーディな対応が自慢です。インドネシアは人と資源に恵まれています。総人口は 2 億 5 千万人。ビジネスチャンスも豊富にあります。どのビジネスにもリスクがつきものですが、最大のリスクとは、そのリスクを知らないことです。当社は、リサーチを通じてリスクを削減し、最適なビジネスプランをご提案いたします。インドネシアでのビジネスにご興味がありましたら、是非当社にお問い合わせください。

黒田法律事務所・黒田特許事務所

インドネシアにおける投資、金融、通商、訴訟等の法律業務において、スピーディーかつ高品質なリーガルサービスを提供いたします

■所在地・連絡先（日本）

住所	東京都港区虎ノ門 3-6-2　第2秋山ビル4階・5階
TEL	03-5425-3211
FAX	03-5425-3299
URL	http://www.kuroda-law.gr.jp/
E-MAIL	office@kuroda-law.gr.jp
担当者	黒田 健二

■提供サービス

- ☐ 進出支援サービス
- ☐ 税務・会計
- ■ 法務・知的財産保護
- ☐ 人材支援
- ☐ 視察コーディネート
- ☐ オフィスサービス
- ☐ 不動産仲介
- ☐ オフショア開発
- ☐ その他

■対応国

- ☐ フィリピン
- ■ インドネシア
- ☐ シンガポール
- ☐ マレーシア
- ☐ ベトナム
- ☐ カンボジア
- ☐ ラオス
- ☐ タイ
- ☐ ミャンマー
- ☐ ブルネイ

■代表者プロフィール

黒田　健二
黒田法律事務所・黒田特許事務所
代表弁護士・弁理士

1983年度の司法試験に全国最年少の20歳で合格。弁護士実務経験を積んだ後、中国、デンマーク及び米国で学ぶ。米国ニューヨーク州弁護士登録後、1995年黒田法律事務所・黒田特許事務所を設立し、2004年には上海、2009年には日本の法律事務所として初めて台湾にも事務所を開設。現在、弁護士・弁理士25名（内、中国弁護士6名、台湾弁護士2名を含む）合計約90名が在籍。同事務所の顧客数は、3000社を超える。

■実績

「知的財産分野」「投資・金融・通商分野」「一般の企業法務・その他」「中国案件」「台湾案件」

- インドネシア企業との合弁契約、代理店契約、株式譲渡契約、その他の契約書案の作成
- 進出時の法務デューディリジェンスのサポート
- インドネシア企業との仲裁の代理人
- インドネシア法に関する調査
- その他インドネシアに関するアドバイス

■提供サービスの特徴

弊所は、インドネシア法務に関する迅速なサービスをご提供いたします。得意分野が異なるインドネシアの複数の法律事務所と協力関係にありますので、案件の性質に応じたサービスをご提供することが可能です。

例えば、インドネシア企業との間で契約を締結する場面では、お客様にとってリスクが少ない契約書案をご提案いたします。契約の不履行や解消の場面では、お客様にとって有利な解決策をご提案すると共に、インドネシア企業の性質や特性を考慮した交渉方針をご提案いたします。

また、インドネシア企業を買収する場面では、買収対象の法務デューディリジェンスをサポートさせていただきます。

さらに、インドネシア企業との紛争では、弊所弁護士が仲裁手続きの代理人となることが可能ですし、インドネシア国内での訴訟であっても、インドネシアの法律事務所と協力して御社をサポートすることが可能です。

■PRポイント

インドネシアに関し、迅速かつ的確な法務サービスをご提供いたします。

当社は、日本経済新聞2010年12月24日朝刊において、2010年活躍した弁護士ランキング外国法部門第2位、2011年11月28日日経ビジネスにおいて、ビジネス弁護士ランキングの国際関係部門第3位に選ばれています。

事務所の著作として、インドネシアの概要や投資環境、投資に関する関連法規を紹介した「インドネシア進出完全ガイド」（カナリア書房、2009年6月25日）がございます。

BECAMEX IDC CORP.

ベトナムにおける工業団地や都市開発のエキスパート

■所在地・連絡先

住所（日本） 東京都文京区根津 2-17-11　Tツインズビル 5F
TEL 03-5815-8400 ／ **FAX** 03-5815-8450 ／ **URL** http://becamex.com.vn/jp
E-MAIL saigo.sakai@gmail.com, hidetokume@gmail.com, tsnakaoka@jazz.email.ne.jp ／ **担当者** 酒井、久米（関東）／仲岡（関西）
住所（現地） 230 Binh Duong Avenue, Thu Dau Mot City, Binh Duong Province
TEL (84)650-3822655 ／ **FAX** (84)650-3822713 ／ **URL** http://becamex.com.vn/
E-MAIL uematsu@becamex.com.vn ／ **担当者** 植松　完二

■提供サービス

- ■ 進出支援サービス
- ■ 税務・会計
- ■ 法務・知的財産保護
- ■ 人材支援
- □ 視察コーディネート
- ■ オフィスサービス
- □ 不動産仲介
- □ オフショア開発
- ■ その他（工業団地、レンタル工場）

■対応国

- □ フィリピン
- □ インドネシア
- □ シンガポール
- □ マレーシア
- ■ ベトナム
- □ カンボジア
- □ ラオス
- □ タイ
- □ ミャンマー
- □ ブルネイ

■代表者プロフィール

Nguyen Van Hung（グェン・ヴァン・フン）
BECAMEX IDC　会長

ビンズン省の中でいち早く海外企業と合弁でベトナム・シンガポール工業団地（VSIP）を企画・運営した実績を持つ。ミーフック工業団地ではそのノウハウを生かして日本企業向けのサービスを充実させるなど、大の親日家。

■実績
- **工業団地の開発**

グループでビンズン省に6つの工業団地を運営。総面積約13,000ha、総投資額約63億ドル、投資誘致率95%、150,000人の雇用を創出。

- **交通インフラ開発**

幹線道路につながる国道13号線、ミーフック・タンバン高速道路などのBOTプロジェクトを通じ、ビンズン省と周辺地域との物流活性化に貢献。

- **都市開発**

ビンズン省の中心となるビンズン新都市1,000haを開発中、2013年には行政センターも完成予定。

- **教育および医療サービス施設の開発**

ミーフック総合病院(面積2ha、病床数500)、東部国際大学(2011年開校、学生規模最終24,000人)を展開。

■提供サービスの特徴
当社が手がける工業団地はベトナム最大の経済都市ホーチミン市に隣接しており、利便性の高いロケーションが魅力の一つになります。交通インフラもビンズン省と協力して優先的に整備し、ホーチミン市から車で約1時間圏内というアクセスも実現。そこで当社ではレンタル工場サービスを大規模に展開、日系の製造業に限定して約100社の誘致を進めています。当社のレンタル工場は、1㎡あたり5～6ドルの費用ですが、契約後3年間は半額。また、ベトナムにはじめて進出する企業には欠かせない、現地法人設立のための各種ライセンス取得にかかる事務代行サービスも無料で提供。更にオプションとして、現地法人設立後の各種事務業務代行のサービスも、現地に詳しい日系のコンサルティング会社とタイアップして提供しています。

■PRポイント
当社はビンズン省に所属する公営企業で、グループには工業・商業・住宅の投資開発を中心に様々な分野をカバーする30社以上の子会社・関連会社を有します。もっとも成功しているのが、日本を含む世界30カ国から約400社が入居するベトナムシンガポール工業団地(VSIP)です。また、この成功ノウハウをもとに、職住接近型総合都市開発のコンセプトをベトナムではじめて取り入れたミーフック工業都市のプロジェクトも手がけています。更に、2012年には日本の大手電鉄会社である東急電鉄と合弁会社を設立し、「東急ビンズンガーデンシティ」というニュータウン開発もスタート。これまでの経験をベースに、日本の中小製造業の方に一番望ましいやり方をお互いに考えながら進めていきます。

サイボウズ株式会社

世界中のチームワーク向上に貢献します

■所在地・連絡先（日本）

住所	東京都文京区後楽 1-4-14 後楽森ビル 12F
TEL	03-6316-1156
FAX	03-5805-9036
URL	http://cybozu.co.jp/
E-MAIL	cybozugb@cybozu.co.jp
担当者	石井優

■提供サービス

- ☐ 進出支援サービス
- ☐ 税務・会計
- ☐ 法務・知的財産保護
- ☐ 人材支援
- ☐ 視察コーディネート
- ■ オフィスサービス
- ☐ 不動産仲介
- ☐ オフショア開発
- ■ その他（海外現地法人向け情報共有サービスの提供）

■対応国

- ☐ フィリピン
- ■ インドネシア
- ■ シンガポール
- ■ マレーシア
- ■ ベトナム
- ☐ カンボジア
- ☐ ラオス
- ■ タイ
- ☐ ミャンマー
- ☐ ブルネイ

■代表者プロフィール

青野　慶久
サイボウズ株式会社　代表取締役社長

1971年生まれ、愛媛県出身。大阪大学工学部
情報システム工学科卒業後、松下電工（現パナソニック電工）（株）を経て、1997年、愛媛県松山市でサイボウズ（株）を設立。
2005年4月に代表取締役社長に就任。2児の父。育児休暇を取得するなどイクメンとしても活躍する。
Twitter アカウント @aono

■実績

- 2007年 サイボウズ上海設立 / 日本語・中国語対応のサイボウズ弁公系統の提供を開始
- 2010年 タイで、[Cybozu Garoon 3] タイ語パックの提供開始
- 2012年 東南アジア地域のパートナー網を新たにインドネシア、マレーシア、ベトナムにも拡大

■提供サービスの特徴

- 進出されている日系企業の多くが、ITの専任担当者が不在で社内のIT資産管理を含めてローカルのスタッフへ一任、もしくは日本人の出向者による兼任業務として管理していますが、当社が提供するグループウェアは、「使いやすさ」を一番の強みとして、IT専任担当者のいない海外日系企業の現場においても手離れよく導入が可能な製品です。
- 日本での導入シェア1位の、使いやすさに定評のある当社のグループウェアなので、「日本で使っていた」馴染みのあるユーザーインターゲースをそのまま、海外でもローカルスタッフを交えて利用いただけます。

■PRポイント

「そろそろ社員の行動管理をしていきたい」「誰がどこで何をしているか、把握したい」「言った、言わないのやり取りを無くしたい」「もっと効率よく営業案件を共有したい」

文化や商習慣の違う中で、海外に進出される日系企業では、多くの悩みや問題が発生します。サイボウズは、「情報共有」の側面から、そうした悩みをかかえる日系企業をサポートさせて頂いております。「使いやすさ」を追求したMade in Japanの当社のグループウェアは、海外でご活躍される日系企業の皆様の「強い組織作り」を実現します。

当社は、チーム・コラボレーションを支援するサービスを開発・提供しています。

グローバルに拠点をもつ企業や公共団体などの大規模チームから、企業間プロジェクト、ボランティア、家族などの小規模チームまで幅広いお客様にご利用いただいています。近年はソフトウェアのラインセンス販売に加え、サーバーやセキュリティなどの運用環境も提供するクラウドサービスを実施しています。

創業以来、変わらないのは使いやすさの追求です。当社は、使いやすいソフトウェアサービスを提供し、お客様のチームワーク向上に貢献することを使命としています。国内のみならず世界中のより多くのお客様に素晴らしいチームワークを発揮していただけるよう、グループ一丸となって取り組んでまいります。どうぞ今後のサイボウズにご期待ください。

フィリピン和僑総研

フィリピンにおける煩雑な手続きや申請、管理業務など、フィリピンでの業務は和僑総研にお任せ下さい。

■所在地・連絡先（現地）

住所	2F COCOFED Bldg., 144 Amorsolo St., Legazpi Village., Makati City, Metro Manila, 1220 Philippines
TEL	(63)917-817-6549
FAX	なし
URL	http://www.pmlc.net
E-MAIL	sansiro@pmlc.net
担当者	三宅信義

■提供サービス
- 進出支援サービス
- 税務・会計
- 法務・知的財産保護
- 人材支援
- 視察コーディネート
- オフィスサービス
- 不動産仲介
- オフショア開発
- その他（就労ビザ取得、通訳・翻訳、ビジネス調査、輸出入サポート）

■対応国
- ■ フィリピン
- □ インドネシア
- □ シンガポール
- □ マレーシア
- □ ベトナム
- □ カンボジア
- □ ラオス
- □ タイ
- □ ミャンマー
- □ ブルネイ

■代表者プロフィール

三宅　信義
和僑総研カンパニー　代表

1996年慶應大学商学部卒。
両親のリタイアメントを機にフィリピンと関わり始める。2004年にマニラにて和僑総研を設立。
日本人対象のビジネスサポートを始める。創業以来年間20社以上の会社設立を手がける。

■実績
2004年創業来、日本人資本の会社設立を毎年20社以上手がけています。セブオンライン英会話学校設立、IT企業設立及び旅行会社設立、ダバオ中古車輸入業会社設立、中古家電家具大規模小売り店舗の開設および会社設立、他多数の実績があります。ビジネス通訳／アテンドとして、ラグナ湖水害調査アテンド、LED販路・CADオフショア調査アテンド等多数手がけてきました。各種視察ツアーとして、リタイアメント視察ツアー、縫製下請け工場視察アテンド、展示会開催サポートとして、エコプロダクツ国際展示会ブース通訳・ブースモデル派遣、国際展示会開催準備および通訳手配などの実績があります。

■提供サービスの特徴
中小企業のお客様に対し、ご相談の段階から営業スタートまで親身にサポートいたします。

【通訳・現地アテンド】
現地日系企業の内部監査、裁判の法廷通訳、病院での保険請求、弁護士との通訳や商品展示会・視察などのアテンド

【会社設立】
日本人100%資本の会社、PEZA登録。屋号登録代行、事務所探し、会計士・弁護士のご紹介、関連法規及び許認可の調査

【その他、多様なサポートメニュー】
ビザ取得手続の代行や、現地法人の日常的な維持管理業務、輸出・輸入サポートから、オフショア開発、オンライン英会話等フィリピン人の安価な人件費、英語能力を利用した業務に関するご相談まで、あらゆる面で皆様のフィリピンでのビジネスをサポートいたします。

■PRポイント
フィリピンは未だに外資規制もあり日本人にとってビジネス構築が難しい面もあります。逆にまだ進出企業も少なく穴場でもあります。現在のアキノ大統領が非常に有能で、これからの約10年でフィリピンは大きく成長すると思われます。人口9000万人を超える大きな市場攻略を当社と共に挑戦しませんか。

株式会社アセンティア・ホールディングス/Assentia Holdings Pte.Ltd.

飲食、小売、FCビジネスのアセアンへの進出サポート企業

■所在地・連絡先

住所(日本) 兵庫県神戸市東灘区向洋町中6-9 KFMビル8F
TEL 078-891-6622 / **FAX** 078-891-6623 / **URL** http://assentia-hd.com
E-MAIL hello@assentia-hd.com / **担当者** 河合

住所(現地) 138 Robinson Road #16-09 Oxley Tower Singapore 068906
TEL (65)6220-9753 / **FAX** (65)6220-9754 / **URL** http://www.assentia-hd.com/en
E-MAIL atutiya@assentia-hd.com / **担当者** 土屋

■提供サービス

- ■ 進出支援サービス
- ■ 税務・会計
- □ 法務・知的財産保護
- ■ 人材支援
- ■ 視察コーディネート
- ■ オフィスサービス
- ■ 不動産仲介
- □ オフショア開発
- ■ その他(飲食企業、小売業の法人設立から物件開発、人材採用、教育、開店後フォローまでのワンストップサービス、フランチャイズビジネスの店舗出店~現地パートナー探し)

■対応国

- ■ フィリピン
- ■ インドネシア
- ■ シンガポール
- ■ マレーシア
- ■ ベトナム
- □ カンボジア
- □ ラオス
- ■ タイ
- □ ミャンマー
- □ ブルネイ

■代表者プロフィール

土屋 晃
株式会社アセンティア・ホールディングス代表

1965年 神戸市生まれ。同志社大学法学部法律学科卒業。1991年 情報サービス会社にてフランチャイズ支援事業に参画。1995年 株式会社プライム・リンク(現、アスラポートダイニング)創業。2001年 ナスダックジャパン(現ジャスダック)に株式上場。2006年 株式会社アセンティア・ホールディングス創業。現在はシンガポールに現地法人を設立。

■実績

当社はJETRO（日本貿易振興機構）公認の海外進出コーディネーター（サービス産業分野）となっております。（国内から海外への進出希望のご相談をお受けするコーディーネーター）

大手ベーカリーカフェのシンガポール進出支援。大手紳士服アパレル企業のタイ、シンガポール進出支援。大手居酒屋のアセアン進出支援。大手中古本ショップのアセアン進出支援。大手100円ショップのアセアン進出支援。大手セルフうどん店のアセアン進出支援。大手ラーメンチェーンのシンガポール進出支援。　など

■提供サービスの特徴

海外への進出支援サポートを行う会社は山のようにありますが、日本でその業界を知り尽くし、店舗展開までも行なっていたような支援サポートの会社は多くありません。当社は日本で飲食店舗を500店舗展開し、飲食以外のフランチャイズビジネスも多く手がけ、飲食、小売業においては20年の経験をもつ専門家集団です。

アセアン各国でのパートナー提携も完全で、会計士、大手デベロッパー、設計施工企業、人材採用、マーケティングと整っており、アセアン進出をゼロから支援します。専門分野は飲食業、小売業、フランチャイズビジネスの海外展開です。まずはお気軽にお問い合わせください。支援サービス内容は、法人設立、物件開発、物件契約、人材採用、人材教育、開店支援、スーパーバイジング、販促マーケティングと多岐に渡ります。詳しくは http://assentia-hd.com、https://www.facebook.com/atutiya、https://www.facebook.com/AssentiaHoldings　を御覧ください。

■ PRポイント

中国13億人、インド11億人、その間に挟まれたアセアン各国に10億人、世界の人口70億人の半分の人口がこのエリアに存在しています。この莫大なマーケットは日本の30年前の状態と同じです。これからが一番旬な時代となるでしょう。このマーケットを奪取するのもしないのも、これからの皆さんの意思決定次第です。まずは一度この沸騰するマーケットをご自身の目で見られることをお勧めいたします。

飲食業界で言うと、日本では1～2店舗の企業がアセアンで10店舗以上展開している事例もあります。「まだ日本で2店舗しかないから…」「まだまだ日本で店舗展開できるから…」もうそんな考えは捨てて、まずは一度視察に来ることをおすすめします。視察も単なる観光ツアーでは意味がありません。しっかりと専門家がついて、ご案内をさせていただく当社にお問合せください。

PT.INDONUSA COMPUTER SYSTEM

インドネシアで20年以上、日系企業のシステム化を販売・導入・保守・コンサルと一貫して行ってきた揺るぎない実績！

■所在地・連絡先（現地）

住所	WISMA KOSGORO 7F Jl.M.H.Thamrin 53 Jakarta 10350 Indonesia
TEL	(62)21-314-2356, 230-2572, 3192-2753, 392-5376
FAX	(62)21-390-6919
URL	http://www.ics.co.id
E-MAIL	info@ics.co.id
担当者	Y.Ito

■提供サービス

- ☐ 進出支援サービス
- ☐ 税務・会計
- ☐ 法務・知的財産保護
- ☐ 人材支援
- ☐ 視察コーディネート
- ■ オフィスサービス
- ☐ 不動産仲介
- ☐ オフショア開発
- ■ その他（会計、生産管理等のシステム販売、導入、保守）

■対応国

- ☐ フィリピン
- ■ インドネシア
- ☐ シンガポール
- ☐ マレーシア
- ☐ ベトナム
- ☐ カンボジア
- ☐ ラオス
- ☐ タイ
- ☐ ミャンマー
- ☐ ブルネイ

■代表者プロフィール

伊藤　為夫
PT.INDONUSA COMPUTER SYSTEM 代表

1961年大阪生まれ。木材商社、ソフトハウスを経て、インドネシアでのオフショア開発を行う。
1991年インドネシアでPT.INDONUSA COMPUTER SYSTEMを設立し、現地日系企業へのシステムサポートを提供する。

■実績

会計、生産、在庫、原価、販売、購買、給与、顧客管理等の開発、パッケージソフトの販売、導入支援、保守、コンサルティング。
- セキュリティシステムの販売、保守、コンサルティング。
- 社内ネットワークの構築、販売、保守。
- ITの人材派遣。
- システムに関するコンサルティング。
- 取り扱いパッケージ：ASPROVA, MC-Frame, A.S.I.A., ACCPAC, ICS-Pro, JP1

■提供サービスの特徴

当社ではITとインドネシア語に通じた日本人をジャカルタに常駐させ、現地進出の日系企業のシステムに対して現地で木目細かいサポートを提供致します。
1991年にインドネシアで創業して以来、20年を超える経験を積んで参りました。インドネシアでのシステム構築に精通している当社だからこそ提供出来るハイクオリティなサービスに自信を持っております。
インドネシアでの各種システム化をご検討中の企業様は、ぜひお気軽にお問い合わせ下さい。

■PRポイント

インドネシアは多民族国家です。その為、ジャカルタ周辺での工場の操業では、ジャワ人やスンダ人を雇用する機会が多いと思います。
ジャワ人は比較的おとなしく争いごとを好みませんが、メンツを重んじ、集団での合意に基づいた意思決定等特徴的なところも多く、うまく対応できないとシステムは稼働しません。
社内の全員にシステムを利用する意義を理解してもらい、データの精度を高めるには言葉だけではなく、うまくモチベーションを維持する様な管理が必要です。
当社ではインドネシアとITに精通した人材がシステムの導入や保守サポートを提供し、日系企業がインドネシアに進出する際のシステム化のお役に立てる様努力しております。

ASSET PREMIER - Asia Network Research Sdn. Bhd.

アセットプレミアでは、マレーシアへの進出（資産移動、支社開設など）を考える、個人・法人のサポートを行います。

■所在地・連絡先（現地）

住所	Level 28 The Garden South Tower, Mid Valley City, Lingkran Syed Putra Kuala Lumpur 59200 Malaysia
TEL	(60)3-7971-1346
FAX	(60)3-2298-7333
URL	http://www.premier.my　Facebook 公式ページ　http://www.facebook.com/takeshi.uchimura
E-MAIL	info@premier.my
担当者	内村竹志、財部博

■提供サービス

- ■ 進出支援サービス
- □ 税務・会計
- □ 法務・知的財産保護
- □ 人材支援
- ■ 視察コーディネート
- □ オフィスサービス
- ■ 不動産仲介
- □ オフショア開発
- ■ その他（ビザ発給サポート、インターナショナルスクール留学サポート）

■対応国

- □ フィリピン
- □ インドネシア
- □ シンガポール
- ■ マレーシア
- □ ベトナム
- □ カンボジア
- □ ラオス
- □ タイ
- □ ミャンマー
- □ ブルネイ

■代表者プロフィール

内村　竹志
ASSET PREMIER - Asia Network Research Sdn. Bhd.　代表

1990年にアップルコンピュータジャパン（当時）に入社。マーケティング本部に所属し、アップル製品の学校教育市場への普及につとめる。1997年アップルを退社、家族とマレーシアに移住し、Asia Network Research Sdn. Bhd. に参加。その後、同社代表に就任、2000年代後半よりクアラルンプールを中心とした不動産販売業に携わる。2011年より財部博との共同プロジェクトとしてアセットプレミアを展開中。

■実績

- 携帯電話製造会社のアウトソーシング先として地元製造会社をリサーチ
- 大手不動産開発会社によるコンドミニアム建設の為の立地の探索、提携先としての地元同業者の紹介、仲介
- 個人投資家に優良不動産の案内、各種ビザ、銀行口座開設、高利回り金融商品の案内
- クアラルンプールへの留学希望者に学校案内、入学、移住のサポート
- 特別法人税優遇のMSCステータス取得サービス
- マレーシア進出をサポートする政府機関・監督官庁のご紹介、通訳アテンドサービス
- 日本企業の各種ご要望に応えるマレーシア視察旅行のアレンジ、同行
- マレーシアでの会社設立サポート（個人資産運用会社を含む）
- 弁護士、司法書士、会計士、税理士等プロフェッショナル紹介サービス

■提供サービスの特徴

地元滞在年数、内村、財部二人合わせて20年。
地元で各種プロフェッショナルとのネットワークを有していることから、個人、法人のマレーシア進出に際しての様々なニーズに対応できます。
誠実、正直、丁寧をモットーにこれまで接したお客様から好評を博し、追加注文、リピートを受けております。ITに強い内村、金融に強い財部のコンビにより、プロフェッショナルチームを構築できています。
お問い合わせは、東京03-4578-0480までお気軽にお電話ください。マレーシアの内村・財部まで転送されます（電話代は東京までのみ）。

・個人向けの業務
・不動産販売　・金融商品販売　・銀行口座開設サポート　・MM2Hビザ申請代行　・KL近郊のインターナショナルスクール入学サポート

・法人向けの業務
・マレーシアでの事業展開コンサルティング　・マレーシア視察アレンジ
・会社設立サポート　・IT企業向けMSCステータス取得サポート
・MIDA、Invest KL等政府機関の紹介、他

■PRポイント

「なぜマレーシアなのか」。マレーシア進出の成功の鍵は、現地の実情を熟慮し、ニーズを可能な限り事前に予想して事業を開始することです。
日本企業の強みをマレーシアでどのように展開すれば需要が掘り起こせ、継続的に維持・拡大できるかを熟慮することをお奨めします。その上でアセットプレミアのような現地情報に明るいプロフェッショナル・サポート企業をフルに活用することで、進出の滑り出しが順調に行くかと思います。

株式会社ジャパン・ファームプロダクツ

カンボジアにて日本式農作物の生産～販売事業、日本農家とカンボジア農家のジョイントブランドを創設します。

■所在地・連絡先
住所（日本）　大阪府大阪市中央区伏見町4-4-9　オーエックス淀屋橋ビル3F
TEL　06-7878-3487　／　FAX　06-7878-3542
E-MAIL　tetsushi_ako@japan-farmp.com　／担当者　阿古 哲史

住所（現地）　Japan Farm Products (Cambodia) Co.,Ltd
TEL　(855)23-630-8584　／　URL　http://www.facebook.com/pages/Japan-Farm-Products-Cambodia-CoLtd/233484410088996
E-MAIL　tetsushi_ako@japan-farmp.com　／担当者　阿古 哲史

■提供サービス
- ■ 進出支援サービス
- ■ 税務・会計
- □ 法務・知的財産保護
- ■ 人材支援
- ■ 視察コーディネート
- □ オフィスサービス
- ■ 不動産仲介
- □ オフショア開発
- ■ その他（現地マーケット調査）

■対応国
- □ フィリピン
- □ インドネシア
- □ シンガポール
- □ マレーシア
- □ ベトナム
- ■ カンボジア
- □ ラオス
- □ タイ
- □ ミャンマー
- □ ブルネイ

■代表者プロフィール

阿古　哲史

株式会社ジャパン・ファームプロダクツ　代表取締役
1984年生まれ。奈良県出身。大学卒業後、人材業界を経て、祖父の代から続く実家の農薬屋を継ぐ。そこで見た農業現場と、既存の農業界の仕組みに疑問を持ち、改革のヒントを海外に見出だす。兼ねてから起業の為に貯めていた資金で2011年に株式会社ジャパン・ファームプロダクツを設立。同年、上海にも商社を立ち上げる。また日本の生産者の進出先としてカンボジアを選び、2012年に現地法人を設立。農家のこせがれネットワーク関西の副幹事長としても活動中。

■実績

- カンボジア農業ビジネスツアーのコーディネート
- 食品加工会社・農業関連会社を対象としたビジネス進出ツアーのコーディネート
- 大豆・胡麻生産者の現地農業生産〜流通を支援。現在、プノンペン近郊にて生産中
- 果樹生産者や野菜生産者の農作物及び加工品のカンボジアへの輸出販売支援
- 国立大学の農業・BOPビジネス研究チームの研究視察ツアーをコーディネート
- 食品加工会社のカンボジア進出における事前調査受託
- 任意団体からカンボジアでの農作物の試験栽培を受託

■提供サービスの特徴

農業生産者、農業生産法人及び食品関連企業（食品加工会社・農業関連会社）のカンボジア進出をサポートします。当社はカンボジアでの農業生産に関して、土地の用意（レンタル及び購入）、農機の手配（リース及び購入）、現地スタッフやマネージャーの手配、資材調達先の確保、販売先の開拓支援までトータルでサポートします。カンボジアにて生産法人を設立する場合も、登記及び会計においては信頼のおける日系パートナー企業をご紹介します。

食品関連企業様に関しては、進出前のマーケット調査から視察ツアーのコーディネート、現地経済特区との会談や関連する現地企業とのアポイントなどもセッティングします。

■PRポイント

現在、現地に進出している日系企業は未だ100社ほどです。アジアの食糧国としてカンボジア政府は農業政策に最も力を入れています。その中でも、現地の皆さんが口を揃えてビジネスパートナーとして組みたいというのが、日本の技術者達です。カンボジアは大の親日国。国民性もアジアの中では最も日本に近い印象を持っています。

カンボジアでの農業生産の魅力は、何と言っても日本の数倍のスピードでトライ＆エラーを繰り返せるということです。「メイド・バイ・ジャパニーズブランド」、もしくはカンボジア農作物ブランドを一緒に築いていくスタンスが必要です。

今後の計画としては、カンボジアだけでなく、ベトナム、タイ、中国への食品全般の輸出サポートも進めていきます。

ASEAN JAPAN CONSULTING Co.,Ltd.

海外進出支援　タイ経済・企業情報を現地から提供

■所在地・連絡先
住所（日本）　埼玉県上尾市中妻 1-9-1
TEL　050-5539-5053 ／ URL　http://thaikabu.net/
E-MAIL　info@asean-j.net ／担当者　阿部俊之
住所（現地）　12/231　Regent Home Sukhumvit 8F Sanpawut BangNa BKK 10260
TEL　(66)81-441-2303 ／ URL　http://thaikabu.net/
E-MAIL　info@asean-j.net ／担当者　阿部俊之

■提供サービス
- ■ 進出支援サービス
- ■ 税務・会計
- □ 法務・知的財産保護
- ■ 人材支援
- ■ 視察コーディネート
- □ オフィスサービス
- □ 不動産仲介
- □ オフショア開発
- ■ その他（業界リサーチ、現地市場調査、営業支援）

■対応国
- □ フィリピン
- □ インドネシア
- □ シンガポール
- □ マレーシア
- □ ベトナム
- □ カンボジア
- □ ラオス
- ■ タイ
- □ ミャンマー
- □ ブルネイ

■代表者プロフィール

阿部　俊之
ASEAN JAPAN CONSULTING 株式会社　代表取締役
タイを中心にアセアン各国のリサーチ、進出支援を行う。代表が日本語、英語、タイ語、3ヶ国語を使い、現場の最新の情報をつかめるのが強み。中小企業の設立支援から顧客開拓まで行う。タイ・バンコクにて進出支援以外にも日本での講演活動、コラム執筆、大学や高校向けに海外事情の授業も行っている。将来タイ証券取引所（SET）、インドネシア証券取引所（IDX）マレーシア証券取引所（BURSA）を含めたアセアン証券取引所の展開に期待する一人。

■実績

〈講演会実績〉
- 笹川記念会館、主婦会館、大阪商工会議所などで「タイ経済・上場企業に関するセミナー」 経済同友会埼玉支部、ＡＰ通信社、明治大学、大阪商業大学、神奈川中央会、船井総合研究所などでもタイ・アセアン各国の現状を伝える講演会を実施。
- 楽天が主催されているｅビジネス推進連合会にコラム提供
- 船井総合研究所が発行している定期刊行物にコラム提供
- ファイナンシャルジャパンにコラム提供
- 週刊エコノミストにコラム提供
- 経済界にコラム提供

進出案件に関しては自動車部品企業、ねじ部品企業、めっき加工企業、車体シール企業、ファッション・アパレル企業、クリーニング企業、医療関連企業、不動産関連企業、建設関連企業、運輸関連企業、IT企業など多数を進出支援、リサーチ業務支援、現地企業とのマッチングを支援。

■提供サービスの特徴

タイ証券取引所に上場する企業へのアプローチ、コンタクトが出来る点が強みです。また現地情報を的確、かつ素早く収集し、ビジネスの意思決定をフォローする体制を整えています。
またデータ収集、企業進出支援に関しては現地の企業とのコラボレーションにより、多くのネットワークを活かした情報提供と営業支援活動が可能です。中国やインドではなく、5.5億人～6億人と言われるアセアン経済統合へ向けた企業戦略を提案できるのが強みです。

■PRポイント

タイの調査や事業の可能性などタイのビジネス、タイの市場に関するご相談に対応します。まずはお気軽にご相談下さい。
- 2015年へ向けてアセアン経済共同体がスタート。
- アジアのデトロイト、自動車産業、電機産業が成長中。
- 仏教国・親日の国家であり、インドシナ半島での中心国。
- 中間層が増加していて、ファッション、IT製品、外食産業が進出。
- アセアン証券取引所の誕生で金融市場も大きく拡大。
- 観光産業でもトップクラス。スワンナプーム空港は24時間、成田の3倍の広さ。
- 医療産業もトップクラス。世界中から外国人患者を受け入れる。
- 農業大国であり、コメ輸出は世界トップクラス。

Prime Business Consultancy Pte Ltd (プライムビジネスコンサルタンシー株式会社)

進出検討の段階から包括的なオペレーション構築まで。
経験豊富なコンサルタントがチームで対応いたします

■所在地・連絡先（現地）

住所	81 Clemenceau Avenue, #04-15/16 UE Square 239917
TEL	(65)6610-2601
FAX	(65)6830-8228
URL	http://www.prime-business.biz
E-MAIL	info@prime-business.biz
担当者	川村　千秋

■提供サービス

- ■ 進出支援サービス
- □ 税務・会計
- □ 法務・知的財産保護
- ■ 人材支援
- ■ 視察コーディネート
- ■ オフィスサービス
- □ 不動産仲介
- □ オフショア開発
- □ その他

■対応国

- ■ フィリピン
- ■ インドネシア
- ■ シンガポール
- ■ マレーシア
- ■ ベトナム
- □ カンボジア
- □ ラオス
- ■ タイ
- ■ ミャンマー
- □ ブルネイ

■代表者プロフィール

川村　千秋
プライムビジネスコンサルタンシー　代表
1996年シンガポール移住。緊急医療サービス会社のシンガポール本社にてアジア太平洋地区9カ国のマーケティングを担当後、シンガポールに本社を置くエグゼクティブサーチ会社に入社。リージョナルディレクターとして本社、日本法人勤務後、エグゼクティブサーチで培った広範なビジネスネットワークを基に日本・シンガポール間のビジネスを幅広く支援するプライムビジネスコンサルタンシーを設立。シンガポール共和国永住権保持者。

■実績

- シンガポール会社設立手続き（多数）
- シンガポール市場調査および事業構築プロジェクト（OA機器メーカー）
- インド、ベトナム人事戦略プロジェクト（大手電機アジア統括会社）
- 市場調査および事業構築プロジェクト（医療介護ビジネス）
- シンガポール会社清算およびアジア拠点統合プロジェクト（専門商社）
- シンガポール市場調査および視察同行（大手百貨店）

■提供サービスの特徴

優遇税制や誘致スキームの利点のみが注目を集めやすいシンガポールですが、進出の原点はそこにビジネスの持続可能性を感じられるかどうかではないでしょうか。貴社のビジネスにとって具体的な市場がある、またはそこを拠点として周辺国への事業展開が効率良く図れる、戦略拠点として重要な位置付けを持つなど長期にわたるビジネス展望が描けるか、それこそが原点になると当社は考えます。

当社は政府関係諸機関との深いネットワークを通じて進出企業への優遇政策等に関する最新の情報をご提供し、市場参入検討の段階から包括的なオペレーション構築に至るまで法務・税務・人事・マーケティングの各分野に精通したコンサルタントがチームで対応いたします。

また、長年にわたるシンガポールと周辺国でのビジネス経験により、言語、慣習の違い、契約に対する意識等の異文化摩擦を最小限にとどめるようサポートいたします。

異文化の地でのビジネスはAWAYで戦うようなものです。リスクの最小化と時間効率の最大化を目指すには確かな指南役を得ることが第一歩ではないでしょうか。進出検討から事業拡大まで。実績ある現地人コンサルタントチームと共に日本語で対応いたします。

■PRポイント

シンガポールでビジネスをする魅力はその合理性とスピードにつきます。システムも透明度が高く、外国人であることによるハンディキャップもほとんどありません。一方、コンプライアンス基準は高く完全な契約社会ですので、進出にあたっては戦略を綿密に作ると同時に適切な指南役を得て、要所要所で契約締結、文書化をしておくことが必要です。他民族国家だけに契約事項ひとつをとっても解釈や対応が異なることがあります。日本の常識の延長上で物事を想定せず、常に現実的なリスク認識とその対応をしっかりやっていくことが重要でしょう。

UTAKA CPA Office／TFS 国際税理士法人

世直し会計士　鵜高利行が、カンボジアでの法人設立から会計監査まで全面サポート！

■所在地・連絡先

住所（日本）　東京都新宿区神楽坂 2-13 末よしビル 3F
TEL　03-3269-5420／**FAX**　03-3269-5427／**URL**　http://utaka-cpa.com
E-MAIL　info@utaka-cpa.com／**担当者**　鵜高　利行
住所（現地）　7th Floor, Phonm Penh Tower#445, Monivong Blud, Phnom Penh, Kingdom of Combpdoa
TEL　(855)23-964-440／**FAX**　(855)23-964-441

■提供サービス
- ■ 進出支援サービス
- ■ 税務・会計
- □ 法務・知的財産保護
- □ 人材支援
- ■ 視察コーディネート
- □ オフィスサービス
- □ 不動産仲介
- □ オフショア開発
- □ その他

■対応国
- □ フィリピン
- □ インドネシア
- □ シンガポール
- □ マレーシア
- □ ベトナム
- ■ カンボジア
- □ ラオス
- □ タイ
- □ ミャンマー
- □ ブルネイ

■代表者プロフィール

鵜高　利行
鵜高公認会計士事務所　代表　公認会計士、税理士／TFS 国際税理士法人
1985 年中央大学商学部会計学科卒業。1987 年あずさ監査法人入社。国際事業本部にて、主に外資系企業の会計監査及び株式上場準備業務を担当。1993 年鵜高公認会計士事務所 (UTAKA CPA Office) 開業。税務会計及び監査業務を行う。後に、IPO コンサル業務や M&A コンサル業務を手掛ける。さらに、中国進出支援業務を開始。又、金融機関や上場会社の外部監査役を歴任する。2012 年よりカンボジア進出支援業務を開始。

■実績

カンボジアにおける現地調査を実施。
カンボジアにおいて進出支援業務を手掛ける合同会社カンボジア総合開発と業務提携。
カンボジア進出視察ツアーを企画。

■提供サービスの特徴

日本において、通常の税務会計顧問業務から、記帳代行、会計監査、株式上場支援、事業承継・相続対策、M&Aコンサルや国際税務まで多岐に渡り手掛けて参りました。
又、大手監査法人国際部を経て、大手企業や上場企業の監査役を歴任してきた経験から、海外も含めた多くの企業や人とのネットワークを有し、業務マッチング等も得意としております。
これまでの経験や強みを存分に活かし、カンボジアにある、日本・カンボジア合弁のコンサルタント会社と連携し、現地法人設立から会計指導、会計監査、税務申告まで行っております。
さらにカンボジアで成功する為の経営コンサルティング業務も手掛けております。
顧問先企業様の成長が私たちの使命と考えております。
どんなことでもお気軽にご相談下さい。

■PRポイント

カンボジア政府との深い繋がりの中で、日本企業のカンボジア進出をワンストップでサポートしたいと思っております。現地カンボジア人会計士とも業務提携しております。
日本とカンボジアの架け橋として、多くの日本企業がカンボジアでもビジネスを成功させると共に、カンボジアにて産業を根付かせることが、ひいては日本の発展にも大きく寄与していくものと考えております。

Asia ICT Service JSC

アウトソーシングの請負から、お客様のアウトソーシング拠点設立までサポートするＢＰＯセンター

■所在地・連絡先（現地）

住所	Lot CR3-3, 10th Fl, Beautiful Saigon1 Nguyen Khac Vien St, Tan Phu Ward, Dist7, Ho Chi Minh City, Vietnam.
TEL	(84)8-5413-5883
FAX	(84)8-5413-5887
URL	http://www.gabb.co.jp/vn/Japanese/index_Japanese.htm
E-MAIL	knakajima@bwg.co.jp
担当者	中嶋　和雄

■提供サービス
- ☐ 進出支援サービス
- ☐ 税務・会計
- ☐ 法務・知的財産保護
- ☐ 人材支援
- ☐ 視察コーディネート
- ☐ オフィスサービス
- ☐ 不動産仲介
- ■ オフショア開発
- ■ その他（BPOサービス（データエントリー、建築設計業務アウトソーシングなど））

■対応国
- ☐ フィリピン
- ☐ インドネシア
- ☐ シンガポール
- ☐ マレーシア
- ■ ベトナム
- ☐ カンボジア
- ☐ ラオス
- ☐ タイ
- ☐ ミャンマー
- ☐ ブルネイ

■代表者プロフィール

中嶋　和雄
ベトナム法人　代表
1976年生まれ。
2001年株式会社ブレインワークス入社後、主に中小企業向けＩＴ導入に関する設計・開発、コンサルティングに携わる。その後、2008年から、ベトナムホーチミンに駐在し、現地でのベトナム人ＩＴエンジニア育成やオフショア開発プロジェクトのマネジメントを手がける。2012年10月より、同社の代表に着任。

■実績
●日本の顧客向け
＜システム開発＞
中堅ゼネコン向け工事原価管理システム／債権・債務管理システム、大手重工業向け所要量管理システム、証券会社向けインターネット投資販売システム、官公庁向け仕事創出・支援情報提供システム、大手エンターテインメント業向けPCカラオケシステム　等。
＜システム開発以外＞
大手電機メーカー向けポータブル電子機器のシステム検証テスト、情報サイト運営会社向けデータエントリー業務、建築会社向けCADデータ作成　等。
●その他の顧客向け
ベトナム国内日系繊維業向け工程管理システム構築、ベトナム国内日系／ベトナムローカル企業向けコーポレートサイト構築　等。

■提供サービスの特徴
当社は設立以来、日本向けのオフショア開発を中心事業として成長してきました。実績欄にも記載したように幅広い業務分野で実績を積み重ねており、長年のノウハウを生かしたサービスを提供できる点に強みがあります。特にＰＨＰなどを用いたＷｅｂアプリケーション開発は多数の実績がございます。当社がビジネスをする上で大切にしていることは、業務スキルはもちろん、ベトナム人スタッフ全員がビジネスマナーや情報セキュリティリテラシーの向上といった、ビジネスパーソンとしての基本スキルを習得していることが挙げられます。当社は14年のベトナムでの業務実績を通じて、この点を徹底することが品質向上に役立つと確信しております。当社のサービスの中で現在、もっとも好評を得ているのは、ベトナムでのアウトソーシング拠点を小額投資からトライアルしながら拡大させていくことが可能なＢＰＯセンターサービスです。システム開発を中心としたＩＴサービスを始め、データエントリー業務、更には建築設計や積算など幅広い分野でご活用いただいております。

■PRポイント
当社は2001年に旧社名であるGABBベトナムとして正式にベトナム現地法人として認可されました。近年はＩＴサービス、データエントリー業務、建築設計や積算など幅広い分野でのＢＰＯセンターサービスを中小企業のベトナム進出の新しいかたちとしてご活用いただいております。2012年10月より、現在の社名に変更し、ベトナムを中心に将来はアジア・アセアン地域を股をかけたアウトソーシングサービスを提供する会社へ発展していきます。

ISAMI Myanmar International Co.,Ltd.

ミャンマー進出のワンストップコンシェルジュ

■所在地・連絡先（現地）

住所（ミャンマー） 3F SakuraTower, Bogyoke Aung San Road, Kyauktada Township, Yangon Myanmar
TEL (95)1-255-080 / **FAX** (95)1-255-081 / **URL** http://www.isamimyanmar.com/
E-MAIL UGN62123@nifty.com / **担当者** Aki, Kamijo
住所（タイ） Liberty Plaza Building Floor10F, Sukhumvit Soi 55 Rd,Klong Tan Nua, Wattana, Bangkok.
E-MAIL UGN62123@nifty.com

■提供サービス
- ■ 進出支援サービス
- □ 税務・会計
- □ 法務・知的財産保護
- □ 人材支援
- ■ 視察コーディネート
- □ オフィスサービス
- ■ 不動産仲介
- □ オフショア開発
- ■ その他（観光コーディネート、コンサルティング）

■対応国
- □ フィリピン
- □ インドネシア
- □ シンガポール
- □ マレーシア
- □ ベトナム
- □ カンボジア
- □ ラオス
- ■ タイ
- ■ ミャンマー
- □ ブルネイ

■代表者プロフィール

上条　詩郎
ISAMI グループ　代表

1997 年までサラリーマンとして某大手外国語スクールに勤務し、退社後に独立。
2003 年まで国内にパソコンスクール 10 校以上をチェーン展開させる。
2003 年よりアジア、欧州を中心に海外ビジネスを展開。
投資家としての顔を持ち、著書に「投資男」「投資リッチの告白」がある。

■実績
- ミャンマー不動産事業
- ミャンマーゴルフ場開発
- ビジネスコンサルティング
- タイ、ミャンマー現地法人設立サポート
- 日本ミャンマービジネス交流会開催
- 日本企業とミャンマー企業の合弁会社設立及びサポート
- 漁業及びの農業、林業のサポートおよびマッチング
- ミャンマープロダクトの輸出入およびマッチング
- 日本企業および日本製品のミャンマーにおけるマーケティング調査および営業支援
- ミャンマー進出IT、web企業のコンサルティングおよび合弁パートナーのご紹介
- ミャンマーにおける2015年の株式市場設立に関する現地調査および報告レポートの作成

■提供サービスの特徴
海外(タイ・ミャンマー)進出を検討される日本企業の方々に、すでに現地事業実績のある日本人代表が日本人ならではのサポート、サービスを提供できることが強みです。
現地での強力なコネクション、ネットワークに自信があります。

■PRポイント
現在、アジアに進出する企業がとても多くなりました。以前は大手企業の方々が多かったのですが、ここ数年は中小企業、個人事業主の方々も大変増えてきました。ミャンマーへの進出は、豊かな労働力を活かし、コストメリットを求めて進出するケースはもちろんですが(タイの半分以下の賃金)、ミャンマーがもつ豊富な農作物、鉱物、埋蔵資源などへの投資開発、中国やアセアンに対する第二・第三のリスク分散、将来のミャンマーの内需などを見込んで進出されています。ミャンマーの可能性を多くの企業が感じて、現地視察や進出の準備を開始。当社は、ヤンゴンの象徴である、ヤンゴン中心部のサクラタワーに拠点を構え、現地ミャンマー企業との合弁、アライアンス・アウトソーシングのサポート、各種工場のプラント建設、飲食・サービス業などの店舗展開、貿易の実務コンサルティングなど幅広いミャンマー・ビジネス進出のサポート業務を行わせていただいている、オーナー代表の顔が見えるコンサルティング会社です。
法律、言葉の壁、国民性等実際に経験をしてきた日本人創業者が、ご安心頂けるサポートを提供いたします。

グローバル イノベーション コンサルティング株式会社

海外進出する日系企業と海外パートナー
双方の成功に貢献する

■所在地・連絡先（日本）

住所	東京都千代田区神田平河町1番地 第3東ビル 4F 412号室
TEL	03-6240-9408、080-3482-7911
FAX	03-6240-9408
URL	http://www.gicjp.com/
E-MAIL	marketing@gicjp.com
担当者	岩永智之

■提供サービス

- ■ 進出支援サービス
- ■ 税務・会計
- □ 法務・知的財産保護
- ■ 人材支援
- ■ 視察コーディネート
- ■ オフィスサービス
- ■ 不動産仲介
- ■ オフショア開発
- ■ その他（採用・研修）

■対応国

- ■ フィリピン
- □ インドネシア
- □ シンガポール
- □ マレーシア
- □ ベトナム
- □ カンボジア
- □ ラオス
- □ タイ
- ■ ミャンマー
- □ ブルネイ

■代表者プロフィール

岩永　智之
グローバル イノベーション コンサルティング株式会社　代表取締役社長
日本アイ・ビー・エム株式会社 Lenovo 社を経て、2005年9月より（株）第一コンピュータリソースに入社し2006年4月より海外部門の総責任者として就任。北京の子会社を黒字化後、2008年7月にミャンマーに日系100%資本の会社設立。2010年には Thailand/中国(上海)の会社設立をサポート。2009年4月からは海外部門の責任者に加えて日本での新規 Business 開発を兼任で2年半担当し、2011年4月に独立して当該会社設立、現在に至る。

■実績
1. ミャンマーにおける日系100%資本の企業の設立及び運用経験
2. ミャンマーでのBusiness Partnerとの強固なRelationship(特にIT)
3. 海外(特に中国／アセアン)における豊富なBusiness経験
4. IT全般にわたる専門的で豊富・高度なコンサルティング能力
5. 設立1年以内で事例が8件(当社含む)

■提供サービスの特徴
1．海外進出事業の立案・コンサルティング
- ミャンマー・フィリピンに進出希望の企業(製造業/IT)に特化
- 中国(特に上海地区)に進出希望の企業(サービス及び全般)に対応
- WebsiteからのData収集及びSupport
- 各種「海外進出セミナー」の開催

2．海外での会社登記、海外進出支援情報、政府関係者との交渉
- ミャンマー・フィリピン進出希望の企業に特化(他のアセアン地域も可能)
- ミャンマーで・フィリピンの政府・民間情報の定期的な入手と報告(Mail base: 2回/月(有料))

3．Global Delivery(Offshore)及び海外への人材派遣
- ミャンマー/シンガポール/ベトナム/バングラデシュ/中国等
- お客様のNeeds/Requirementsに合わせた提案
- Offshore Consulting
- お客様要望に合わせた見積もり比較等のSupport

4．ミャンマーでのGlobal人材研修事業
- 大企業向け長期(18ヶ月)のGlobal人材育成・研修
- 中堅・中小企業向き短期間(3ヶ月)のGlobal人材育成
- 英語・IT・Offshore Business実体験

■PRポイント
■経営理念
「海外進出する日系企業と海外パートナー双方の成功に貢献する事」
お客様及びパートナーの海外事業に特化して戦略を立て、海外及び日本の市場の変化に積極的に対応することにより、お客様(日本/海外)の成功(業績/利益/満足度の向上)を通じて、国際社会に貢献します。

■当社のビジョン
・お客様(日本)の海外進出での成功に貢献(設立後3年以内)
・現地Partner及びStakeholderの成功に貢献(設立後5年以内)
・Diversityを基本とした人材育成と個人の能力の最大限の活用

ATLAS TRADING & PROPERTY (THAILAND) CO.,LTD.

タイでお得に過ごすなら！
クラブタイランドにおまかせ！

■所在地・連絡先（現地）

住所	15, Soi Sukhumvit 35, Klongtan-Nua, Wattana, Bangkok.10110
TEL	(66)2-662-1191
FAX	(66)2-260-2129
URL	http://www.thailandcard.com/
E-MAIL	sales@thailandcard.com
担当者	Tanizaki

■提供サービス

- ☐ 進出支援サービス
- ☐ 税務・会計
- ☐ 法務・知的財産保護
- ☐ 人材支援
- ☐ 視察コーディネート
- ☐ オフィスサービス
- ☐ 不動産仲介
- ☐ オフショア開発
- ■ その他（会員制カード販売、旅行業、広告代理業）

■対応国

- ☐ フィリピン
- ☐ インドネシア
- ☐ シンガポール
- ☐ マレーシア
- ■ ベトナム
- ☐ カンボジア
- ☐ ラオス
- ■ タイ
- ■ ミャンマー
- ☐ ブルネイ

■代表者プロフィール

谷崎　有一郎

ATLAS TRADING & PROPERTY (THAILAND) CO.,LTD.　代表取締役社長 兼 最高経営責任者
兵庫県西宮市出身。1993年訪タイ、ビルメンテナンス会社に就職、1999年に独立、ATLAS社を設立、タイ在留邦人向け特別優待会員制カード「クラブタイランド」の販売開始。2000年12月三井住友海上火災保険と提携「ゴルファー保険」販売開始、2005年5月イオンクレジットサービス社と提携、クレジット機能付き「AEON CLUB THAILAND CARD」発行。

■実績

タイにおいて、以下の実績を有しています。
- 日本農産物、魚介類の輸入及びマーケティング（試食販売）
- 日本製商品のマーケティング(照明器具、殺菌剤等)

■提供サービスの特徴

在タイ、クラブタイランド会員数、約15,000名（タイ在留邦人、日本領事館登録者数49,000名）のデータベースを活用したマーケティングが可能です。(2012年9月現在加盟店、ゴルフ場120箇所、飲食店約350箇所) 他には、以下の事業を提供しております。

- メンバーズカード事業（MEMBER'S CARD『CLUB THAILAND』PRIVILEGE PASSPORT 企画、運営）
- クレジットカード事業（VISA.MASTER CARD付　イオンクラブタイランドカードの販売）
- 保険販売代理事業（三井住友海上火災保険『ゴルファー保険』販売代理）
- 飲料水販売代理事業（M WATER CO.,LTD.『SPRINKLE』日本人マーケット販売代理）
- 旅行代理事業（ゴルフパッケージ・タイ国内ホテル予約・航空券販売）
- ハイヤーサービス
- 広告代理事業（チラシ・パンフレット・会社案内等企画立案製作）

■ PR ポイント

おかげさまでクラブタイランドカード会員は15,000名を突破し、タイにおいて大人気のカードとなりました。これからタイで過ごされる方々には、クラブタイランドメンバーになって頂くことはタイでお得に過ごすことができるよい手段となるでしょう。

タイのゴルフ場、レストラン、エステ、土産物屋などのレジャー施設を特別優待料金でご利用になれます。また他にも日本はもちろんタイ周辺国への格安航空券予約・旅行パッケージツアー・ホテルのご予約も可能です。空港・ホテルへのハイヤーサービスも事前予約で楽々。会員特典もますます充実してきております。持っていて安心、便利で、お得なカードです。

当社は、このような特長のあるクラブタイランドカードを通じ、今後ますます増えるであろう在タイ邦人へのマーケティングが可能です。アジアビジネスは、現地に溶け込み、現地の方へのマーケティングが出来ればベストです。特にタイは中間層が増えてきていますので、食品やファッションなどちょっとした贅沢品等へのニーズが増えると考えています。

PAN ASIA Co.,Ltd.

ベトナムへの企業進出を支援

■所在地・連絡先（現地）

住所	5floor, 130 Nguyen Cong Tru, Nguyen Thai Binh ward District1,HoChiMinh,Vietnam
TEL	(84)8-6291-4448 ／ (84)976-550-111
FAX	(84)8-6291-4482
URL	http://www.panasia-vietnam.com/
E-MAIL	hahsimoto@pan-asia.jp
担当者	Mr.Matthew-F-Sipprell

■提供サービス
- ■ 進出支援サービス
- □ 税務・会計
- □ 法務・知的財産保護
- □ 人材支援
- ■ 視察コーディネート
- □ オフィスサービス
- ■ 不動産仲介
- □ オフショア開発
- ■ その他（店舗・事務所等の設計・施工）

■対応国
- □ フィリピン
- □ インドネシア
- □ シンガポール
- □ マレーシア
- ■ ベトナム
- □ カンボジア
- □ ラオス
- □ タイ
- □ ミャンマー
- □ ブルネイ

■代表者プロフィール

Matthew-F-Sipprell
PAN ASIA Co.,Ltd.　副社長
Matthew・F・Sipprell（ワシントン大学、学士号を取得、シアトル大学、法律の学位）は25年間知的財産、契約、および国際法の実践の経験を持つ米国弁護士（ワシントン州）。株式会社神戸製鋼所（KOBELCO）、京セラ株式会社、千代田国際法律事務所と日本で8年間の勤務実績がある。マイアミの日本総領事館にて政治と経済顧問を勤める。英語、日本語、スペイン語に堪能。

■実績
450㎡の日本食レストラン会社設立・内装一式、社員募集支援、通訳、申請書類一式の手続き。また従業員の住まいの提供やベトナムが初めての方々の為の生活のサポートなど。
小規模飲食店から中規模の美容室、美容学校の会社設立、内装一式など。工場誘致、小規模店舗、アパート、オフィス、その他あらゆるテナントのご紹介。

■提供サービスの特徴
大・中規模はもちろんのこと、小規模な起業家の進出支援も積極的に行っています。また、現地ベトナム人の法人との合併又は合資先のご紹介も行います。
100％日系出資企業。日本の親会社代表である橋本氏のみならず、アメリカ人副社長、オーストラリア人専務、ベトナム人スタッフなど日本語と英語、スペイン語での対応が可能で、現地のベトナム人との間に、日本人、西洋人が入っているため、国際的な視点で、進出の支援を致します。海外に初進出のお客様大歓迎。
日本で50店舗以上の内装実績があり、あらゆるデザインに特徴を持って取り組みます。

■PRポイント
ベトナムはこれからまだまだ発展を遂げていく国です。
20代の若者が国の中心であり、それらの人的条件は、経済理論上でも経済成長の必須条件です。さらにベトナム人は向学心の大変旺盛な民族です。また、ベトナム人は対日感情が極めて良好であり、進出にあたり共に成長、貢献の出来る可能性を持った国家、尚かつ日本のODAの最大支援国家でもあります。それらの事が、進出企業の実績へと繋がる事は言うまでもありません。ベトナムに於いてはまだ品質、サービスレベルの向上の伸びしろがあり、日本人の営業知識やサービス精神を十分に提供、反映する事ができます。国際化に於いてもベトナムは、他の諸アジア圏と比べて、比較的活動を行いやすい条件が揃っています。その第一が貨幣の両替に於ける現状です。勿論一定の政府の規定はありますが、今後は進出企業の為に、より改善されていくであろうと推測されています。と同時に業種別進出規約も徐々に改善されつつあります。ベトナム人と外国人の出資比率に於いても、あらゆる業種で外国人の優遇措置が進行すると言われています。これらの事は実際に実行されるまでは、憶測に過ぎませんがその動向については、ベトナムにて起業されている方々の多くが改善されつつあると実感をされています。御社のベトナム進出を、是非当社にお任せ下さい。

ラジャ・タン法律事務所 (Rajah & Tann LLP)

「アジアの法律事務所」、「アジアの弁護士」

■所在地・連絡先
住所（日本） 東京都中央区日本橋箱崎町 19-7
TEL 080-4855-5114 / **URL** http://jp.rajahtann.com/
E-MAIL tetsuo.kurita@rajahtann.com / **担当者** 栗田 哲郎
住所（現地） 9 Battery Road #25-01 Straits Trading Builidng Singapore 049910
TEL (65)6232-548 / **FAX** (65)6428-2033 / **URL** http://jp.rajahtann.com/
E-MAIL tetsuo.kurita@rajahtann.com / **担当者** 栗田 哲郎

■提供サービス
- ■ 進出支援サービス
- ■ 税務・会計
- ■ 法務・知的財産保護
- □ 人材支援
- □ 視察コーディネート
- □ オフィスサービス
- □ 不動産仲介
- □ オフショア開発
- □ その他

■対応国
- ■ フィリピン
- ■ インドネシア
- ■ シンガポール
- ■ マレーシア
- ■ ベトナム
- ■ カンボジア
- ■ ラオス
- ■ タイ
- ■ ミャンマー
- ■ ブルネイ

■代表者プロフィール

栗田 哲郎
ラジャ・タン法律事務所　パートナー弁護士
東京大学法学部卒、アメリカ・バージニア州バージニア大学　ロースクール（LLM）卒業。ラジャ・タン法律事務所にて執務、シンガポール国際仲裁センター にてケースマネージメントオフィサーとして勤務、ラジャ・タン法律事務所に復帰、パートナー弁護士に就任。日本法弁護士　第二東京弁護士会所属、シンガポール外国法弁護士登録、アメリカ・ニューヨーク州弁護士登録　ニューヨーク州弁護士会所属など。国土交通省　海外進出支援アドバイザー就任。

■実績

数々の案件に対応しており、クライアントの日本企業は、300社を優に超えます。シンガポールだけではなく、東南アジア各地(マレーシア、インドネシア、タイ、ベトナム、ラオス、カンボジア、ミャンマー)、南アジア(バングラデシュ、インド、スリランカ)などへの案件を取り扱っています。特に、シンガポールの優遇税制などを利用して、シンガポールに地域統括会社を設立し、シンガポールを通じて、各新興国へ投資を行うスキームの策定、紛争の解決手法の提案に長けています。

■提供サービスの特徴

当事務所の特徴は、アジア各法域に拠点を有し「アジアの法律事務所」として、リージョナル化を進めるという明確な方針を有している点です。当事務所は、東南アジア経済・金融の中心地であるシンガポールに本拠地を置きながらも、中国・上海、マレーシア・クアラルンプール、ベトナム・ホーチミン、ラオス・ビエンチャン、タイ・バンコク、カンボジア・プノンペン、ミャンマーに拠点を有しております。また、当事務所内には、各法域の資格保有者(シンガポール法、日本法、中国法、マレーシア法、インドネシア法、インド法、ベトナム法、タイ法、ラオス法、イギリス法、フランス法、アメリカ法、オーストラリア法など)諸国の法律に精通した弁護士が在籍しています。そして、事案の内容及び性質に応じて、シンガポールおよび各拠点からワンストップでアジア域内のリーガル・サービスを一括して提供することが可能です。

さらに、当事務所は、海事、コーポレート、民事・刑事訴訟、国際仲裁、企業再建、テクロノジー、知的財産、テレコミュニケーション、インフラ・ストラクチャー、建設、不動産関連等のプラクティスグループを有しており、各グループが、時には協働し、迅速かつ専門性の高いリーガル・サービスを提供しています。

■PRポイント

ラジャ・タン法律事務所(Rajah & TaLLP)は、設立から約60年の歴史があり、今日では約360名の弁護士が所属するシンガポール最大の法律事務所です。当事務所はこれまで、法律事務所の評価において権威のあるAsia Pacific Legal500 や Chambers Global - The World's Leading Lawyers、Global Arbitration Reviewなどにおいて、リーガルサービスの水準について常に高い評価を頂いております。また、ラジャ・タン法律事務所は、10年以上前にジャパンデスクを立ち上げ、12名もの日本人スタッフ(うち法曹資格者8名)が勤務しており、日本語でのサポート体制も万全です。

SOLPAC (Thailand) Co.,Ltd.

ソルパックは企業の「夢」実現を総合的にサポートします

■所在地・連絡先
住所（日本） 東京都港区六本木 4-1-4　黒崎ビル8F
TEL 03-3585-2739 ／ **FAX** 03-3585-9190 ／ **URL** htto://www.solpac.co.jp
E-MAIL yfuji@solpac.co.jp ／**担当者** 藤田 洋一郎
住所（現地） Terminal Shop Cabin 5F Soi Soli Sukhumvit 24,Sukhumvit Rd. Klongtan,Klongtoey,Bangkok 10110 Thailand
TEL (66)2663-6400 ／ **FAX** (66)2663-6401 ／ **URL** http://www.solpac-sv.com/thailand/en/
E-MAIL a_tanabe@solpac.co.jp ／**担当者** 田邉 彩

■提供サービス
- ■ 進出支援サービス
- □ 税務・会計
- □ 法務・知的財産保護
- ■ 人材支援
- □ 視察コーディネート
- □ オフィスサービス
- □ 不動産仲介
- ■ オフショア開発
- □ その他

■対応国
- □ フィリピン
- □ インドネシア
- □ シンガポール
- □ マレーシア
- ■ ベトナム
- □ カンボジア
- □ ラオス
- ■ タイ
- □ ミャンマー
- □ ブルネイ

■代表者プロフィール

藤田　洋一郎
株式会社ソルパック 常務取締役事業部長

1997年　工建設株式会社入社
2001年　同社退社
2001年　株式会社ソルパック入社
2009年　同社事業部長に就任
2009年　同社執行役員に就任
2010年　同社取締役に就任
2010年　ソルパックタイランド社長就任
2012年　同社常務取締役に就任

■実績

- 製造業様現地駐在事務所　システムインフラ一式導入
- 家電製品製造大手 M 社様　生産管理システム改善開発
- 自動車部品製造 H 社様　バーコード印刷ソリューション販売、導入
- 家電製品製造大手 T 社様　生産管理システム改善開発
- 金融大手 E 社様、タイ大手銀行 T 行様、タイ大手銀行 C 行様、タイ銀行系カード K 社様、大手重機レンタル会社 T 社様　情報漏洩対策パッケージ「Enforcive/Bsafe」導入

■提供サービスの特徴

当社では以下のようなご要望に対応できます。

- 海外で事業展開をするために現地でのシステム化、ネットワークの計画、導入を支援して欲しい。
- 日本向け、現地向けのシステムをタイムリーに合理的、経済的なコストで構築したい。
- 開発を最適な地域且つ多言語（英語、日本語、タイ語、ベトナム語）でのサポートで行いたい。
- システムの統合、運用、ヘルプデスクを最適な地域で低コストで行いたい。
- ERP の構築、移行や JSOX に対応する開発や管理を行いたい。

■ PR ポイント

- IBM のビジネスパートナーとして活動しており、特に AS400 のサポートに関してはアプリケーションからインフラ構築までご支援いたします。
- SAP Business One は数万社のビジネスプロセスを変革してきた SAP のノウハウを、中小企業向けに集約した ERP パッケージです。
- JD Edwards Enterprise One は、会計から調達管理、在庫管理、生産管理、設備管理、SFA、受注管理、サービス管財務、プロジェクト管理まで幅広い領域をカバーする ERP パッケージです。
- 今後当社は『日本』という概念を捨て、『アジア』という概念でベトナム、タイに続き中国、インドネシア、インドなどへの支店展開を予定しています。

MUTO MANAGEMENT ACCOMPANY VIETNAM CO., LTD. (MMAV)

会計事務所は数字ではなく、夢を育ててナンボです！

■所在地・連絡先

住所（日本） 東京都大田区蒲田 4-42-1　芙蓉ビル
TEL 03-3737-1522 / **FAX** 03-3737-1557 / **URL** http://www.muto-kaikei.co.jp/
E-MAIL info@muto-kaikei.co.jp / **担当者** 武藤　剛（Muto Tsuyoshi）

住所（現地） 2F, 3D Creative Center, Nguyen Phong Sac St., Dich Vong Hau Ward, Cau Giay Dist., Hanoi
TEL (84)164-601-9771 / **URL** http://www.muto-kaikei.co.jp/mmav/index.html
E-MAIL suzuka@mmav-mutogrp.com / **担当者** 鈴鹿　秀雄（Suzuka Hideo）

■提供サービス

- ■ 進出支援サービス
- ■ 税務・会計
- □ 法務・知的財産保護
- □ 人材支援
- ■ 視察コーディネート
- □ オフィスサービス
- □ 不動産仲介
- □ オフショア開発
- ■ その他（親法人における連結会計・国際税務についての対応）

■対応国

- □ フィリピン
- □ インドネシア
- □ シンガポール
- □ マレーシア
- ■ ベトナム
- □ カンボジア
- □ ラオス
- ■ タイ
- □ ミャンマー
- □ ブルネイ

■代表者プロフィール

武藤　剛（Muto Tsuyoshi）
MUTO MANAGEMENT ACCOMPANY VIETNAM CO., LTD.　所長

昭和58年　MSTコンサルタンツ（現KPMG）勤務
昭和63年　武藤茂夫税理士事務所 勤務
平成03年　税理士登録
平成16年　税理士武藤茂夫より事業承継
平成22年　税理士法人　無十　設立
平成24年　ベトナム法人　MMAV　設立

■実績

毎月次による税務・会計支援／連結会計・グループ業績管理／国際税務・独立行政法人支援／ビジネスマッチング支援

■提供サービスの特徴

どこまでもお客様のお供をさせて頂きたいという思いを社名のAccompanyに込めました。

【ご提供サービス】

- ベトナムにおける税務申告をご支援致します。
- 会計システムの導入、運用についてご支援致します。
- ベトナム人経理担当者への経理指導をご支援致します。
- ベトナム現地法人に係る経営情報を日本国内の本社グループへお届け致します。
- ベトナム現地法人の内部統制、内部牽制体制の構築をご支援致します。
- その他、管理業務に関わるストレスを最小限にするためのお手伝いを致します。

■ PRポイント

会計・税務を通じて長年に渡り中小企業の皆様を支援させて頂いて参りました。しかしながら時代は今、我々のサービスも決算書・申告書・経営計画書の策定支援のみではありません。

事前の市場調査等は勿論重要ですが、いざベトナム進出の意思決定をされてからは細かな段取りの連続です。言葉の障害も実際に大きく立ちはだかってくることでしょう。

用地の確保、オフィスの確保、人材の確保、総務・経理といった部署にはなかなか日本国内から人材を送ることが難しいようです。

当社のベトナム進出も例外ではなく、法人設立の過程では様々な苦労がありました。しかしながらこの経験があったからこそ、お客様には同じ苦労を感じて欲しくないという気持ちを強く持つことができました。

当社は日本人駐在員や日本語に堪能な現地スタッフ、そして現地会計・税務に精通した会計士が直接ご支援します。また文化の違いが如実に表れる税務についてはベトナム税理士会との連携により対応させて頂きます。

また、タイ国バンコクには提携事務所がございますので、タイ進出についてご検討をされた場合にもお問い合わせください。

東稔企画株式会社

輸出促進サイト「日本をドット売る」で海外進出支援事業を展開するTOHNEN

■所在地・連絡先（日本）

住所	埼玉県入間市東藤沢 3-19-22
TEL	04-2929-8005
FAX	04-2929-8006
URL	http://www.japapro.com
E-MAIL	info@tohnen.com
担当者	沖野　和彦

■提供サービス

- ■ 進出支援サービス
- □ 税務・会計
- ■ 法務・知的財産保護
- ■ 人材支援
- ■ 視察コーディネート
- ■ オフィスサービス
- □ 不動産仲介
- □ オフショア開発
- ■ その他（輸出支援サイト「日本をドット売る」）

■対応国

- □ フィリピン
- □ インドネシア
- □ シンガポール
- ■ マレーシア
- □ ベトナム
- □ カンボジア
- □ ラオス
- □ タイ
- □ ミャンマー
- □ ブルネイ

■代表者プロフィール

命苫　裕一郎
東稔企画株式会社　代表取締役
1968年生まれ　米国留学後、株式会社ナガセ（東進スクール）入社。日本語学校にてマレーシアでの生徒募集拠点開拓に従事。
1997年　東稔企画株式会社を設立。
2008年　マレーシアにチアフルライフ株式会社を設立。マレーシア進出のコンサル業務を開始。
2012年　輸出支援サイト「日本をドット売る」を開発、運営。メイド・イン・ジャパンの商材やサービスの紹介、マッチング等包括的な業務をサポート。

■実績

バイヤーミッション視察ツアーのコーディネート／マレーシアアパレルメーカー商談会 企画運営／ビジネスマッチング（食品関連 4 社・生活雑貨関連 4 社・アパレル関連 2 社・コスメ関連 1 社）／コスメ関連代理店募集の説明会の実施／INTRADE（マレーシア国際展示会）出展／輸出支援サイト「日本をドット売る」の開発／運営

■提供サービスの特徴

ビジネスマッチングのみでは足りない。如何に円滑な取り引きを双方が行うことが出来るか。そのような視点で開発されたのが、輸出促進サイト【日本をドット売る】です。本サイトでは、日本製品の輸出促進を目的とし、国内外または BtoC/BtoB 問わずサービス・商品のアピールから企業マッチング・受注・輸出業務まで包括的にサポートします。インターネットや海外展示会での共同出展を通じての出展企業のサービスや商品の紹介、マッチングだけでなく、取引条件に基づいた受注が可能です。
つまりワン・ストップで海外販路の開拓から受注までが可能になります。出展は本サイトへの参加費用と受発注システムの ASP サービス費用で可能です。国内外のバイヤー・企業は本サイト上から出展企業のサービスや商品を検索し、各出展企業の受発注サイトにてバイヤー登録を行い、取引条件に基づき発注することが可能です。これにより出展企業側は、自社の商材やサービスを広く本サイトを通じて国内外にアピールでき、国内外のバイヤー・企業は本サイト上から多くの日本企業の商材やサービスを知ることが可能になります。

■ PR ポイント

国内マーケットのシュリンクにより会社の存続・繁栄を図る上で海外市場への進出や販路拡大はより重要になっています。一方、それに対応できる企業は、ほんの一握りです。
資金・人材そして言葉の壁、これらのハードルをより低くすることが海外市場への参入を容易にするのではないでしょうか。
商品・サービス情報の多言語化から配信・企業マッチング・多言語対応の受発注システムの提供・輸出業務のサポート。これらを低価格で提供いたします。

Go Asia Offices Pte. Ltd(Go Asia Offices. Com)

誰よりもアジアのサービスオフィス市場、業界を良く知る私たちに、皆様のオフィス探しのナビゲートをお任せ下さい！

■所在地・連絡先（日本）

住所	東京都渋谷区桜ヶ丘
TEL	090-3804-5656/050-5539-5184
FAX	なし
URL	http://www.goasiaoffices.com/jp
E-MAIL	kazz.kinoshita@goasiaoffices.com
担当者	木下　一美

■提供サービス
- ■ 進出支援サービス
- □ 税務・会計
- □ 法務・知的財産保護
- □ 人材支援
- □ 視察コーディネート
- ■ オフィスサービス
- ■ 不動産仲介
- □ オフショア開発
- ■ その他（アジア全域主要都市での拠点準備、駐在事務所設立支援）

■対応国
- ■ フィリピン
- ■ インドネシア
- ■ シンガポール
- ■ マレーシア
- ■ ベトナム
- ■ カンボジア
- □ ラオス
- ■ タイ
- □ ミャンマー
- □ ブルネイ

■代表者プロフィール

Go Asia Offices
木下　一美

アジアとのかかわりは1970年代後半から、国内外で不動産関連の仕事を20年以上行ってきました。(詳細経歴はhttp://www.linkedin.com/in/kazzkinoshita)、サービス・レンタルオフィス事業は国内外で10年以上の経験実績があり、昨年シンガポールの元同僚が始めたGoAsiaOffices.Comビジネスに日本企業担当として参画しております。

第2部　アジアビジネスベストパートナー50社

■実績

フィリイピン（マニラ）、香港、ベトナム（ハノイ、ホーチミン）、タイ(バンコク)、マレーシア（クアラルンプール）、シンガポール、インドネシア(ジャカルタ)、韓国(ソウル)、中国（北京、大連、シンセン、広州、アモイ）、インド(チェンナイ、デリー、グルガオン、バンガロール、ムンバイ)

■提供サービスの特徴

Go Asia Offices は日本企業の皆様のアジア地域でのオフィスソリューション（立ち上げ、起業、拠点、準備、駐在、プロジェクトオフィス）のお手伝いをさせて頂く、サービス・コンサルティング会社です。アジア全域でのサービス・レンタルオフィスを利用した、拠点準備＆立ち上げ、駐在オフィス設立支援に特化したサービスを提供しております。

アジア主要都市のオフィス比較情報提供、現地見学手配、交渉から契約までの全てを支援します。多くの企業は担当者様がインターネットで調べて各社とコンタクトしたり、現地の友人、不動産会社に依頼したりという方法を取っておられますが、本業外の慣れない業務となり、時間と労力の無駄になっています。当社は他の情報提供だけのポータルサイト会社ではなく、専門のコンサルタント会社です。当社コンサルタントは全員が各国、各都市の知識、経験、業界ネットワークを持っておりますので、皆様に最適な情報をご提供し、有利な交渉のお手伝いをさせて頂きますので、安心してお任せ頂ければと思います。

■ PR ポイント

海外進出された中小企業様の7割以上が現地でのオフィス探しに苦労したとのアンケート結果があります。現地に行けば何とかなると思われていたようですが、やはり何ともならない方が多いです。当社では、各オフィス比較情報提供、現地見学手配、交渉から契約まで完全サポートさせて頂いております。また、当社へのご相談、サービスは全て＜無料＞でご利用頂けますので、是非ご活用ください。日本企業様は海外進出となると、会社設立、登記等がメインと考えていますが、欧米企業は現地での準備調査の為に6～12ヶ月拠点オフィスを利用して、行けるとなればそこで会社設立、登記をしてビジネスを始めています。先ずは現地拠点をつくる、このスピード感がアジアでは大切です。海外進出の際に意外と後回しにされ軽視されがちなオフィスですが、日本も海外もオフィスの印象、ビル名や住所が業績に直結するケースが多々あるのは同じです。少人数でも各都市のステータスの高い住所にあるオフィスを直ぐに利用でき、契約期間＆拡張等に柔軟性のあるサービスオフィスを利用することは信用とスピードが求められる海外でのビジネスにおいて大いに役立ちます。

MOTHER BRAIN (THAILAND) CO., LTD.

正確無比の情報とコンサルティング

■所在地・連絡先（現地）

住所 4TH FLOOR, NO. 4C.12-13, SUPAKARN BLDG., 723 CHAROEN NAKORN ROAD, BANGKOK 10600 THAILAND
TEL (66)2439-2671 ／ **FAX** (66)2439-2670 ／ **URL** http://www.tellusgp.com
E-MAIL tellusgp@gmail.com ／**担当者** SHIN KAWASHIMA (川島　伸)

■提供サービス
- ■ 進出支援サービス
- ■ 税務・会計
- ■ 法務・知的財産保護
- □ 人材支援
- □ 視察コーディネート
- □ オフィスサービス
- □ 不動産仲介
- □ オフショア開発
- □ その他

■対応国
- □ フィリピン
- □ インドネシア
- □ シンガポール
- □ マレーシア
- □ ベトナム
- □ カンボジア
- □ ラオス
- ■ タイ
- □ ミャンマー
- □ ブルネイ

■代表者プロフィール

川島　伸
MOTHER BRAIN (THAILAND) CO., LTD.
日本人代表
1974 年　愛知県東海高校卒業
1979 年　中央大学商学部卒業
1982 年　公認会計士試験合格、プライスウォーターハウス公認会計士共同事務所(旧、青山監査法人）入社
1988 年　同事務所退社後、プライスウォータハウス　バンコク事務所入社
1991 年　同事務所退社、翌年、マザーブレイン社設立
2000 年　6 社からなるテラスグループを結成する

■実績

当社は、1992年1月設立以来数多くの起業支援とともに、日常業務に関する多くのコンサルティングを行ってきました。「実績」として何を挙げるべきか迷うほど、数々の起業プロジェクトや法律・税務・会計に関する情報提供とコンサルティングの契約を有しています。具体的な数値は以下の通りです。

1992年以降の起業プロジェクト件数：150社超
2012年9月末現在の情報提供とコンサルティング契約数：約400社

過去に数多くの実績を上げながらも、現在も多くのプロジェクトを成功に向けて進めています。2012年9月末現在、BOI申請手続き中のプロジェクトは4件（投資合計約45億バーツ）になります。

■提供サービスの特徴

当社では、この道20年の日本人専門家が会社設立登記やBOI（投資奨励取得）手続きを行い、タイへの投資のサポートをします。また、タイの会計、税務、労務、法律、経営等の質問に電話などで回答する「Q&Aサービス」、新会社や新任者向けの管理に関する知識を伝授する「開業準備&引継ぎセミナー」、法律、税務、会計、BOIに関する専門知識と最新情報が詰まった「月報の販売」、その他コンサルティング業務を提供しています。

テラスグループという起業支援、法務支援、会計監査、記帳代行、リクルート、コンピュータシステム構築といった業務の実務家集団のリーダーとして、日系企業のタイ進出の際に最新かつ正確な情報を提供し、長年積み上げた知識や経験を進出企業の財産として活用していただくことをモットーとしています。

月報をご購読いただくとタイで会社を経営するのに必要な知識が身につきます。Q&Aサービスを利用いただくと日本人の質問に何でも答えるプロの顧問を雇っているも同然の価値を安価で得ることができます。

■PRポイント

マザーブレインをリーダーとするテラスグループ（グループ7社、準グループ2社）を形成し、新規投資プロジェクト支援（投資奨励取得申請、登記登録手続き、リクルート、システム構築など）、及び起業後の管理支援サービス（会計監査、記帳代行、法律・税務・会計情報提供など）を提供しています。他社との違いは、グループ各社が業務を専門化し、高品質サービスを維持しており、各社の代表のほとんどがビッグ4のバンコク事務所でパートナーあるいはマネージャーとして経験を積んだ公認会計士と弁護士で、タイでの知識、経験、情報量が群を抜いているということです。

株式会社 RESORZ

海外進出サポート企業 500 社と提携、年間問い合わせ 1000 件超の「海外進出・無料相談窓口」Digima 〜出島〜を運営

■所在地・連絡先（日本）

住所	東京都目黒区青葉台 3-3-11　みどり荘 3F
TEL	03-6416-5894
FAX	03-6416-5895
URL	http://www.digima-japan.com
E-MAIL	info@digima-japan.com
担当者	福原

■提供サービス

- 進出支援サービス
- 税務・会計
- 法務・知的財産保護
- 人材支援
- 視察コーディネート
- オフィスサービス
- 不動産仲介
- オフショア開発
- その他（進出総合コンサルティング、市場調査、BPO、労務、EC 構築、物流、M&A、インフラ構築、通訳/翻訳、海外 SEO　等）

■対応国

- フィリピン
- インドネシア
- シンガポール
- マレーシア
- ベトナム
- カンボジア
- ラオス
- タイ
- ミャンマー
- ブルネイ
- その他（世界 130 ヶ国）

■代表者プロフィール

兒嶋　裕貴（コジマ　ユウキ）
株式会社 Resorz　代表取締役

1980 年、東京都台東区本所生まれ。早稲田大学商学部を卒業後、世界 30 ヶ国以上を歴訪。帰国後、テレビ制作会社、IT ベンチャーを経て、再び旅に。世界を見て感じたのは自分は「日本人」だということ。そして、日本が好きであるということ。そんな日本に自らの経験を還元すべく、新しいカタチの会社、Resorz を創業。Digima 〜出島〜など、新規サービスを続々立ち上げる。

■実績

海外進出に関する無料相談窓口として、ベトナムでの学校法人設立や、シンガポールへの飲食店出店、インドネシアでの工場設立など、年間1000件以上の海外進出案件の相談に乗ってきました。海外進出を支援する提携企業は500社以上で、世界130ヶ国のあらゆるジャンルに対応することができます。

また、海外現地の専門家によるコラムでは、海外ビジネス情報を発信。セミナーや交流会なども頻繁に開催しており、リアルなネットワークづくりも支援します。

メディア実績としては、BSジャパン『アジアの風』への制作協力などがあります。

■提供サービスの特徴

海外進出に関する具体的な業務や悩み、課題があれば、「海外進出成功のためのすべてが揃うポータルサイト "Digima～出島～"」にお電話やメールでお問い合わせ下さい。

当社スタッフが丁寧にヒアリングさせていただいた後、無料でピッタリな企業をご紹介させて頂きます。紹介後は、直接その企業とやり取りください。

ただ、その後もDigima～出島～からは、定期的に海外ビジネス情報を提供、お困りのことがないかどうかなど、必要であればご確認させていただいており、アフターフォローも万全です。

セミナーや交流会に関しても、「Digima～出島～が選んだ新興三国」についての特集セミナーや民族楽器を用いた体感型交流会など、当社しかできないことを実現しております。

■PRポイント

当社のミッションは「海外で成功する日本企業を10000社作る」ことです。その実現のため、当社がご紹介する企業は、全て優良企業。審査の上での提携となりますので、安心してご相談ください。

また、中小企業国際展開アドバイザーの資格を持ったコンシェルジュが対応させて頂きますので、お電話一本で御社の悩みや課題に対応させて頂きます。

今後も、展示会やセミナー、視察ツアー、交流会、海外最新ニュース、ビジネスコラムなど、海外進出成功のための情報を発信し、リアルな場でのネットワークづくりにも協力、「海外進出のプラットフォーム」を目指します。

株式会社コーデック

通信システムの構築に強みを持っています

■所在地・連絡先（日本）
住所　　東京都調布市多摩川 1-29-18
TEL　　042-426-7888
FAX　　042-490-1277,1278
URL　　http://www.codec.co.jp/
E-MAIL　office@codec.co.jp
担当者　総務部　五十嵐　聡（いがらしさとる）

■提供サービス
- ☐ 進出支援サービス
- ☐ 税務・会計
- ☐ 法務・知的財産保護
- ☐ 人材支援
- ☐ 視察コーディネート
- ☐ オフィスサービス
- ☐ 不動産仲介
- ☐ オフショア開発
- ■ その他（通信の製造業〈見えない通信を見える化する産業〉）

■対応国
- ☐ フィリピン
- ☐ インドネシア
- ☐ シンガポール
- ☐ マレーシア
- ■ ベトナム
- ☐ カンボジア
- ☐ ラオス
- ☐ タイ
- ☐ ミャンマー
- ☐ ブルネイ

■代表者プロフィール

長内　弘喜
株式会社コーデック
代表取締役

入社：昭和 54 年
業務経歴：電子機器システム設計、プログラム開発等
平成 23 年より代表取締役に就任
当社は社員の会社であり、宮沢常務取締役、梅木取締役の 2 本柱に支えられています

■実績

当社は、30年にわたりアナログ技術、デジタル技術で音声伝送、画像伝送、動画伝送、センサー伝送など、目に見えない通信を目に見える製品として提供してきました。あらゆるシーンで通信を具現化することでさらにあらたな価値観の創造がもたらされます。コーデックはそのような変革の基盤を提供します。当社の開発した通信制御装置が小惑星探査機「はやぶさ」の実現に利用されるなど、高い技術力を誇っています。

■提供サービスの特徴

当社は高い技術力のバックボーンのもと、多種多様な通信制御製品を提供してきました。

主に「回線制御」「機器監視」「データ変換」の3分野において、多くの企業様に製品を活用頂いております。

例えば、回線制御の分野においては、ISS（有人宇宙ステーション）、地上運用者間で連絡、ディスカッションを行うための大規模音声会議システムを提供しています。データ変換の分野では、ネットワークを使った映像配信システムと携帯電話インフラを応用した介護システムなどの提案、巨大地震発生時の高速運転列車緊急停止システムの通信システム等も行っております。

また、恒温槽（長時間の一定温度や温度変化に対しての試験装置）、電波暗室（外部からの電磁波の影響を受けず、外部にも影響を与えないように電気的に隔離された中で試験するスペース）、静電気放電シミュレータ（静電気放電(ESD)で生ずる電磁雑音が製品に悪影響を及ぼさないか確認するための試験装置）といった設備を有しており、品質を確保しています。

当社が提供する製品やソリューションについてはホームページにて紹介しておりますので、そちらも併せて参考にして頂ければと思います。

■PRポイント

当社は本年度中にベトナム・ホーチミン市において拠点を設立する予定です。

これにより現地の放送分野、通信分野の企業様をサポートする体制を整備していきます。

高い技術力を有する日本企業の代表として、現地に進出する日系企業および現地の放送局、通信会社に対して、さまざまなソリューションを提供します。

ベトナムおよび周辺諸国へ進出を検討される、放送・通信分野の企業様への技術的な悩みについては、当社にご相談ください。

Nakai・Tam International Accounting Office

ベトナム進出企業向けに日本のみならずホーチミンでも、会計・税務のサポートを行っています。

■所在地・連絡先（日本）

住所	大阪府吹田市豊津町 13 - 45　第 3 暁ビル 8F
TEL	06-6378-8571
FAX	06-6378-8577
E-MAIL	tnakai@sannet.ne.jp
担当者	中井　孝

■提供サービス

- ■ 進出支援サービス
- ■ 税務・会計
- □ 法務・知的財産保護
- □ 人材支援
- □ 視察コーディネート
- □ オフィスサービス
- □ 不動産仲介
- □ オフショア開発
- □ その他

■対応国

- □ フィリピン
- □ インドネシア
- □ シンガポール
- □ マレーシア
- ■ ベトナム
- □ カンボジア
- □ ラオス
- □ タイ
- □ ミャンマー
- □ ブルネイ

■代表者プロフィール

中井　孝
中井孝税理士事務所・株式会社ＪＶサポート
代表取締役・税理士
1980年関西大学商学部卒業、同大学院にて会計学専攻修了。その後会計事務所勤務を経て、大阪府吹田市にて中井孝税理士事務所を開設。主に中小企業の会計、税務、経営、資金面での資料作成や相談を行う。2006年にベトナムでの事務所開設の準備をはじめ、2007年6月1日より現地にて日系企業のための記帳代行、税務申告を中心とした実務面からのサポートを行っている。

■実績
① 2007年6月1日よりベトナムにて日系企業の会計、税務を中心とした支援を開始。
②記帳代行を中心としたベトナムでの会計、税金だけでなく、日本本社へも日本語による試算表等の作成と報告を実施。
③ベトナムでの税務調査、立会等納税を含めた、税務署との打ち合わせ交渉も行う。
④また日本側では、少しでもベトナムの会計や税制について理解していただけるようセミナーを行う。

■提供サービスの特徴
①開設以来主に記帳代行と税務申告を中心として実務面からのサポートを行います。
②記帳代行に必要な会計ソフトは、会計事務所使用の会計ソフトを使って経理業務を行います。
③経理、総務についての全面的なサポートを行いますので、安心して工場の準備体制や稼働に向けて全力を挙げていただけます。
④日本本社にも毎月、日本語による試算表や年度末の決算報告を行いますので、ベトナムの会計状況がより明確に把握できます。
⑤日本人による会計処理や税務面での報告があるため、ベトナムの会計や税金の内容がはっきり理解できます。

■ PRポイント
①ベトナムでの関係官庁等に提出が必要な資料や報告については、会計事務所が責任を持って代行致します。
②またあらゆる面から代行支援を行っていますので、ベトナム関係官庁への提出漏れがなく、安心して会社経営に専念できます。
③分かりづらいベトナム会計や税金について、日本人スタッフと現地ベトナム人スタッフより、分かりやすく説明しますので節税につながります。

現地の中井Ｔａｍ国際会計事務所では、ベトナム進出を支援すると同時に、進出後の会計・税務・法令・労務等を実務面から全面的に支援しています。ちなみに中井Ｔａｍ国際会計事務所の名称に「Ｔａｍ」とありますが、この言葉はベトナム語で「こころ」を意味しております。スタッフ一同、「まごころ」をもって、お客様へのサービスができますよう心掛けております。ベトナム会計や税金はもちろんのこと、進出時での相談や問題など、日本側でも相談に応じていますのでお気軽にお問い合わせ下さい。

SkyLimited 株式会社

限られた時間・人生の中で、大空のような無限の可能性を引き出したい～ SkyLimited ～

■所在地・連絡先

住所（日本）　兵庫県神戸市中央区御幸通 2-1-6
TEL　078-384-1035　／ **FAX**　078-251-3005　／ **URL**　http://skylimited.jp/
E-MAIL　mail@skylimited.jp ／担当者　山中

住所（現地）　B-RAY TOWER (9th Floor), No.166, NORODOM Blvd, Tonle Bassac, Chamkarmon, Phnom Penh, Cambodia
TEL　(855)7764-2851(Cambodia)　／ **URL**　http://cambodia-bridge.com/
担当者　夏山

■提供サービス

- ■ 進出支援サービス
- ■ 税務・会計
- □ 法務・知的財産保護
- □ 人材支援
- □ 視察コーディネート
- □ オフィスサービス
- □ 不動産仲介
- □ オフショア開発
- □ その他

■対応国

- □ フィリピン
- □ インドネシア
- □ シンガポール
- □ マレーシア
- □ ベトナム
- ■ カンボジア
- □ ラオス
- □ タイ
- □ ミャンマー
- □ ブルネイ

■代表者プロフィール

夏山　宗平
SkyLimited 株式会社　代表取締役

立命館大学卒業後、監査法人トーマツを経て、会計コンサルティングサービスを中心とした SkyLimited 株式会社を創業。その後 SkyLimited 税理士法人や相続税専門センターの立ち上げに参画。日本では神戸、大阪、東京を拠点にサービスを展開、また、2011年にカンボジアに現地法人設立。日本企業の進出支援を開始。現在カンボジアだけでなくアジア各地への進出支援を行っている。

■実績
①カンボジアに進出する企業の法人設立支援や月次税務申告などの手続き
②シンガポールや香港などに本社機能を移転するコンサルティング業務
③日本に拠点を持った企業がアジア進出する際のコンサルティング業務
④カンボジア進出時の会計、法務、人材のワンストップサービス
⑤海外の提携会計事務所との連携した会計サービス

■提供サービスの特徴
SkyLimited グループは会計サービスを中心に事業を展開しております。その中で、SkyLimited 株式会社では主に組織再編、アジア進出支援などのコンサルティング業務を、SkyLimited 税理士法人では法人税をはじめとして各種税の申告業務を行っています。また関西を中心に相続税専門センターを立ち上げ、事業承継や個人の資産税対策までトータル的に相続対策のアドバイスを行っています。
メンバー役員が大手監査法人出身者で税務から監査までワンストップのサービスでお客様の成長をサポートし信頼を積み重ねて参りました。
日本での会計、税務サービスはもちろんですが、カンボジアでの会社設立、記帳業務を始めとした会計業務、税務業務、M&A、不動産取得、資金調達支援、国際送金のアドバイスをワンストップでさせて頂きます。

■ PR ポイント
当社は今まで日本で、日本の企業に対して会計サービスを中心にサービスを展開してきました。そして近年では海外に進出する企業への進出サポートを開始しカンボジアでは現地法人を設立、現地オフィスを構え、日本人及びカンボジア人スタッフが親切にお客様のサポートを行っております。またカンボジア以外の国でもシンガポール、香港等をはじめとして現地の会計事務所と提携しアジア進出のアドバイザリー業務を行っています。
今後、成長著しいアジア諸国ではますます日本企業の進出が増えると考えています。現地では法律や制度、政治等日本と違うことが多々あることから現地に精通する専門家とのパートナーシップが不可欠です。特にカンボジアでは会計、法律、人材面でお客様の進出をワンストップでサポート出来る体制が既に整っておりますので是非進出をお考えのお客様は当社のサービスをご利用頂ければと思います。

LCT Lawyers

我々の使命は、顧客がベトナムで無数の機会を最大限に活用できることを助けるために品質と価値の高い法的サービスを提供することです。

■所在地・連絡先（現地）

住所	Level 21, Bitexco Financial Tower No. 2 Hai Trieu Street, District 1 Ho Chi Minh City, Vietnam
TEL	(84)8-3821-2357
FAX	(84)8-3821-2382
URL	http://www.lctlawyers.com/
E-MAIL	net.le@lctlawyers.com
担当者	Dr. Le Net

■提供サービス
- ■ 進出支援サービス
- ■ 税務・会計
- ■ 法務・知的財産保護
- ■ 人材支援
- ■ 視察コーディネート
- ■ オフィスサービス
- □ 不動産仲介
- ■ オフショア開発
- □ その他

■対応国
- □ フィリピン
- □ インドネシア
- □ シンガポール
- □ マレーシア
- ■ ベトナム
- □ カンボジア
- □ ラオス
- □ タイ
- □ ミャンマー
- □ ブルネイ

■代表者プロフィール

Dr. Le Net
LCT Lawyers　パートナー

1997年に実務を開始して以降、Baker & McKenzieやClifford Chance等の国際法律事務所で経験を積んだ後、2006年に現在代表を務めるＬＣＴ法律事務所を設立。15年以上の法務実務経験を活かし、インフラ関連、国際仲裁の案件をはじめとして多様な案件を担当。2012年には、Chambers Globalから、"複雑な案件において常に質の高いアドバイスを提供することでクライアントから非常に高く評価されている"と評価されている。

■実績

- 日本の製鉄会社を代理して、ベトナムにおける大規模なM＆A案件の実績
- 国際的大規模銀行を代理して、ベトナムにおいて事業展開を開始する案件の実績
- 米国の保険会社を代理して、ベトナムの保険仲介会社の過半数の株式を取得した案件の実績
- Saigon M&C Tower の建設プロジェクトにおいて契約交渉の主導的立場として実績
- 複数の海外企業を代理して、ベトナムにおける仲裁案件、訴訟案件の実績

■提供サービスの特徴

第一の特徴は、スピーディな対応です。

ベトナムを含め日々状況の変化する東南アジア地域においては、スピーディに問題を解決していくことが非常に重要になってきます。当事務所は、法的サービスの質の高さは当然の前提として、そのサービスを速やかに提供していくことで依頼者の方の利益を最大限に図っていくことを事務所の方針として共有しています。

第二の特徴は、地元に根ざした法律のプロ集団であるという点です。

ＬＣＴ法律事務所は、創業以来、地元に根ざして一流の法的サービスを提供してきました。当事務所は、国内での着実な実績により、政府機関とも良好な関係を築いています。

近年、複数の国際的な法律事務所がベトナムに事務所を構えるようになってきています。しかし、地元に根ざした事務所である我々は、他の国際的事務所では難しいような、柔軟かつ迅速な法的サービスを提供することができます。このことは、引いては依頼者の方にとって時間及び費用の面で有利なご提案ができるものと思っています。今後は、より各法律分野の専門化を進め、より依頼者の方のニーズに沿ったサービスを提供できる事務所を目指していきます。

■ PR ポイント

LCT Lawyers は以下のとおり、複数の評価団体から、複数の分野で一流の事務所との賞を受けております。

- Banking/Finance、Corporate/M&Adispute 及び Dispute Resolution の分野で、Legal500、International Financial Law Review 及び Chambers Asia の各団体より、最近数年間トップの評価を頂いています。
- 近時は、以下のような賞を受賞しています。
  -Employer of Choice 2012 - Asian Legal Business

KURATA PEPPER Co., Ltd.

世界一美味しいと言われていた胡椒を
世界中の人にもう一度

■所在地・連絡先（現地）

住所	#206E0 St.63, Sangkat Boeng Keng Kan 1, Khan Chamkarmorn, Phnom Penh Cambodia
TEL	(855)23-726480
FAX	(855)23-726480
URL	http://kuratapepper.com
E-MAIL	info@kuratapepper.com
担当者	倉田浩伸

■提供サービス
- ■ 進出支援サービス
- ■ 税務・会計
- ■ 法務・知的財産保護
- □ 人材支援
- ■ 視察コーディネート
- □ オフィスサービス
- □ 不動産仲介
- □ オフショア開発
- ■ その他（農業専門の進出支援可）

■対応国
- □ フィリピン
- □ インドネシア
- □ シンガポール
- □ マレーシア
- □ ベトナム
- ■ カンボジア
- □ ラオス
- □ タイ
- □ ミャンマー
- □ ブルネイ

■代表者プロフィール

倉田　浩伸
KURATA PEPPER Co., Ltd.　代表

1992年からカンボジアに滞在。1994年、貿易会社を起業。1997年自社直営胡椒農園開始。2004年胡椒専門店を開業。デンマーク、ドイツ、日本に農産物を輸出。2006年からカンボジア日本人商工会を通じカンボジアへの直接投資への体制強化、JETROカンボジア設置にも尽力した。

■実績

胡椒専門店としてプノンペン・バンケンコン地区に『KURATA PAPPER』を 2005 年に開店しました。

その後、JETRO 主催「メコン展」、フランス・マルセイユ「International Trade Fair」、日本 ASEAN センター「ASEAN 飲食品店」、韓国 ASEAN センター協賛による「KOREA FOOD FAIR 2011」など数々の物産展に出展をさせて頂きました。カンボジアオーガニック協会よりオーガニック認定もされています。カンボジアからの輸出も行っており、日本やデンマーク、2011 年にはドイツに 13t 輸出いたしました。

また、当社胡椒使用の小倉山荘「定家のお気に入り・黒胡椒せんべい」の販売も開始されております。

■提供サービスの特徴

当社の胡椒を紹介させて頂きます。

- 黒胡椒：緑で大粒の実を乾燥させた胡椒で柑橘系のフルーティな香りが特徴です。お肉料理や炒め物などお料理全般に合います。
- 白胡椒：半熟の実を水に漬け皮をそぎ乾燥させた胡椒です。スープやクリーム料理の味の調えに良いです。
- 完熟胡椒：一房に 1、2 粒しかできない赤く完熟した実だけを集め乾燥させた胡椒の最高級品です。レーズンのような甘みをおびた芳香な辛みはドレッシングやマリネなど、お料理の仕上げに最適です。
- 酢漬けの緑胡椒：9 月頃の未熟な緑胡椒をカンボジア特産のヤシ砂糖酢（コンフィレル社製）に漬けた胡椒です。ドレッシング、ステーキソースなどに合います。
- 胡椒石鹸：アンコールソープ社とのコラボレート商品です。天然素材 100%の手作り石鹸は香り豊かな胡椒入りでスクラブ効果抜群！

■ PR ポイント

中世から、60 年代まで「世界一おいしい」と言われていたカンボジアの胡椒。しかし内戦により生産量は激減してしまいました。その胡椒をもう一度「世界一」と呼ばれるよう、1997 年よりカルダモン山脈の麓で現地の人々と栽培しております。当社の一番のこだわりは安全で高品質な胡椒の生産です。カンボジアに古くから伝わる伝統的な農法で栽培を続けてきたため、2011 年 1 月にはカンボジアオーガニック農業協会よりカンボジアの産物の中では初めて「国内オーガニック認定」を取得しました。

世界一と誇れる胡椒を通じて、カンボジア産業の育成を続け、カンボジアの良さを世界中に広めて行きたいと思っています。

PT. JAKARTA DENSHI

オイシックスを立ち上げた吉田氏が展開するインドネシア進出サービスの数々、インドネシアで勝ちたい方はご連絡下さい！

■所在地・連絡先（日本）

住所	東京都品川区東五反田 1-20-7 神野商事第 2 ビル 5F
TEL	03-5795-2373
FAX	03-3280-0705
URL	日本国内サイト　http://gotandadenshi.jp/
	インドネシア進出サービス紹介サイト　http://indonesia.gotandadenshi.jp/
E-MAIL	http://indonesia.gotandadenshi.jp/?page_id=54
担当者	小野、朴

■提供サービス

- ■ 進出支援サービス
- □ 税務・会計
- ■ 法務・知的財産保護
- ■ 人材支援
- □ 視察コーディネート
- □ オフィスサービス
- □ 不動産仲介
- ■ オフショア開発
- □ その他

■対応国

- □ フィリピン
- ■ インドネシア
- □ シンガポール
- □ マレーシア
- □ ベトナム
- □ カンボジア
- □ ラオス
- □ タイ
- □ ミャンマー
- □ ブルネイ

■代表者プロフィール

吉田　卓司

PT. JAKARTA DENSHI、五反田電子商事株式会社　代表取締役社長

2000 年オイシックスを創業、代表取締役 COO に就任。月商数十億円の日本最大手食材宅配サイトに育成。2007 年五反田電子商事の前身オイシックス EC ソリューションズを設立。2010 年実店舗販促 iPad ソリューションサービス「ミライタッチ」開始。2011 年アジア富裕層向けオンラインオークションサービスを立上げ、同時期インドネシアに現地法人を設立。

■実績

- PT. JAKARTA DENSHI（ジャカルタ、スラバヤ）立上げ
- BtoB向けSaaS型iPadアプリ「ミライタッチQuick」カタログ、アンケート開発
- 現地企業向け法務サービスとして、弁護士への相談請負サービスを展開
- 2012年5月外食企業向け現地視察ツアー企画・実施
- 2012年7月IT企業向け現地視察ツアーのコーディネート実施
- 日本企業の資材調達リサーチ及び輸入セッティング（建設資材）
- Harajuku play groundへのコスモードコンテンツ展開支援
- 日本コンテンツのインドネシア語翻訳多数
- インドネシア版「月刊錦鯉」の出版
- アジア富裕層向けオンラインオークションサービス
「SAMURAI MARKET」スタート。数十～数百万円の鯉や、日本産カメラ等の販売支援を展開。初回のオークションではエントリーされた錦鯉の全てに札が入る等、オークション参加者の7割以上が、CEOやビジネスオーナーとなっており、質の高いユーザーの獲得に成功しています。

■提供サービスの特徴

当社ではオフショア開発とともに、インドネシアに進出を検討されている企業様のためのトータルサポートサービスを提供。現地でのシステム開発の他、インドネシア語への翻訳から、現地での仕入調達、販売先のリサーチ、日本語通訳をつけた商談設定・交渉サポートまで、皆様のインドネシア進出において、必ずお役立て頂ける内容となっております。また進出後も、人事・総務・営業等の現地オペレーションサポートも行っており、ワンストップで皆様の事業開始までのサポートを致します。オフショアについては、日本で展開中のECサービス、iPadを使ったBtoBソリューションの現地開発より得たノウハウをもとに、受託開発を行っています。

■PRポイント

PT.JAKARTA DENSHI（Indonesia）は、五反田電子商事グループのインドネシア現地法人としてジャカルタ及びスラバヤに拠点を構えております。日本語を話せる現地スタッフを抱えていますので、お客様とのやりとりは全て日本語で対応可能です。また、現地では日本人が常駐しておりますので安心してお任せ下さい。インドネシアの国土面積は日本の約5倍。石油、天然ガスをはじめとした天然資源、ゴム、コーヒー等の農産物、マグロ、エビ等の水産物、豊富な鉱物資源、森林資源に加え、世界4位の人口を誇る同国は、今後も高い経済成長率が見込まれる可能性溢れる国です。インドネシアにご興味お持ちでしたらぜひ一度、お気軽にご相談下さい。

iCube, Inc.（アイキューブ）

ビジネスインキュベーターとして
日比関係のポテンシャルを顕在化する iCube

■所在地・連絡先

住所（日本） 東京都千代田区飯田橋 4-4-9 ダイヤパレス 509 号室
TEL 03-3261-2455 / **FAX** 03-3261-2456 / **URL** http://www.icube.ph http://www.hourei.net/
E-MAIL ogawa@linc.asia／**担当者** 小川

住所（現地） 本店：LG21 Star Centrum, Sen Gil Puyat St., Makati City, MM, Philippines　マカティ支店：7th Floor Maripola Bldg. 109 Perea St., Legaspi Village, Makati City
TEL 日本語直通：050-6863-7722 TEL：(63)2-856-0038 / **FAX** (63)2801-9711／**URL** http://www.icube.ph
E-MAIL sakamoto@linc.asia／**担当者** 坂本

■提供サービス

- ■ 進出支援サービス
- ■ 税務・会計
- ■ 法務・知的財産保護
- □ 人材支援
- □ 視察コーディネート
- ■ オフィスサービス
- ■ 不動産仲介
- □ オフショア開発
- ■ その他（マーケットリサーチ）

■対応国

- ■ フィリピン
- □ インドネシア
- □ シンガポール
- □ マレーシア
- □ ベトナム
- □ カンボジア
- □ ラオス
- □ タイ
- □ ミャンマー
- □ ブルネイ

■代表者プロフィール

坂本　直弥
iCube, Inc. 統括取締役、公認会計士（日本）、システム監査技術者（日本）
100社以上の日系企業の法務・会計・コンサルティング業務に携わってきた経験を活かし、日本公認会計士協会 SME/SMP 専門部会委員、フィリピン貿易産業省中小企業カウンセラー育成研修プロジェクト副統括、JICA アジア産業人材育成専門家、日本 CFO 協会主任研究員等を歴任。アジアの投資環境改善と中小零細企業の経営強化に尽力している。

■実績

東証1部上場企業を含む20社の新規進出支援（2012年実績）／ミンダナオ東部地域アグロビジネス支援調査(JICA)／セブ南部埋立地企業誘致能力向上支援(JICA/大手シンクタンク)／ASEAN・インド特許申請支援(日本企業)／日本エジプト科学技術大学院大学事務能力向上支援（JICA）／『中小企業のためのIFRS』公式日本語訳作成（日本公認会計士協会）／生活実態立体調査・セミナー（大手広告代理店）／コンピュータ・グラフィック業界実態調査（日本企業）／産業人材育成研修実施支援（JICAフィリピン事務所）／ビジネス分析入門研修開発・実施（アジア経営大学院）／『経理財務スキルスタンダード for IFRS』作成（日本CFO協会）／付加価値税還付手続き調査（JICA／大手シンクタンク）／FC企業経営実態調査（日本企業／大手広告代理店）／家電製品市場調査（日本企業）／不動産市況調査（日本企業）

■提供サービスの特徴

日系企業100社以上の支援実績を持つ経験豊富な専門家ネットワークによる経営支援サービスもご利用いただけます。
バーチャル・シェアオフィス／貸会議室／セミナー室／市場調査／法人設立／ビザ取得／経営相談／各種研修／事務所・店舗・工場立ち上げ支援
コアスタッフ22名（内、日本語対応者6名）、公認会計士3名（日本2名、フィリピン1名）、公認内部監査人1名、情報システム監査技術者1名、弁護士1名、宅建主任者3名

■PRポイント

国際的な投資には、企業規模の大小にかかわらず各種のノウハウが必要です。iCubeでは、世界的な大手会計事務所やフィリピンの財閥系企業等での業務経験をもった専門家によるサービスを10年間に渡り日本の大企業や政府機関に提供し評価をいただいて参りました。
しかし日本とフィリピンの関係がより豊かなものとなるためには、大企業だけでなく中小零細企業のより一層の活発化が不可欠です。そこで当社グループでは、出版や公開セミナー等を通じて良質のフィリピン情報を日本語で発信するとともに、フィリピン政府やJICA等のプロジェクト支援を通じてフィリピンの中小零細企業を含むビジネス環境の整備に微力を尽くしております。またビジネスセンターの運営や不動産紹介を通じてフィリピン投資の促進にも務めております。日比の経済発展が世代を超えてより確かなものとなるよう、iCubeは今後ともフィリピンでの経営上不可欠な「信頼できる」情報提供（Information）、創業支援（Incubation）及び事業用投資の仲介、管理（Investment）の3つのIを提供して参ります。

CENTRASIA PARTNERS Pte. Ltd. (セントレイジア パートナーズ)

シンガポール進出をワンストップサポート
安心の法人設立・ビジネス進出支援なら当社にお任せ下さい

■所在地・連絡先

住所（日本） 愛知県名古屋市中区丸の内 1-15-20 ie 丸の内ビルディング 11F
TEL 050-3491-5950 ／ **URL** http://singaportal.net
E-MAIL info@centrasia.com.sg ／**担当者** 神谷
住所（現地） 10 Anson Road #24-03A International Plaza Singapore 079903
TEL (65)6226-0092 ／ **FAX** (65)6226-0093 ／ **URL** http://centrasia.com.sg
E-MAIL singapore@centrasia.com.sg ／**担当者** IZUMI MORIYAMA

■提供サービス

- ■ 進出支援サービス
- ■ 税務・会計
- □ 法務・知的財産保護
- ■ 人材支援
- ■ 視察コーディネート
- ■ オフィスサービス
- ■ 不動産仲介
- □ オフショア開発
- ■ その他（物流・貿易・在庫管理、商施設テナント物件紹介、メディア広告・催事イベント手配、競走馬保有サービス・永住権取得支援）

■対応国

- □ フィリピン
- □ インドネシア
- ■ シンガポール
- □ マレーシア
- □ ベトナム
- □ カンボジア
- □ ラオス
- □ タイ
- □ ミャンマー
- □ ブルネイ

■代表者プロフィール

森山　イズミ

日本国内で不動産の収益物件や非公開物件に関する売買仲介の事業を展開。それらを通し、日本の不動産物件だけの保有リスクを感じ、事業グローバル化を進め、マカオ不動産やマカオでの法人設立のサポート業務を開始。マカオに続いてシンガポールにも拠点を設け、現在はシンガポールを軸に日本企業の進出支援全般をワンストップでサポートする CENTRASIA PARTNERS のマネージングダイレクターに。

■実績

- 中小製造関連会社の現地法人設立・就労ビザ・法人口座開設などの支援
- ベンチャー系ソフトウェア開発会社の現地法人設立・就労ビザ・法人口座開設などの支援
- 中小美装業者の一連の事業進出を支援。ミスシンガポール会場でのLEDスクリーン施工の受注をアテンド
- アパレル系製造卸企業の事業進出を支援。ロジスティクス・在庫保管・プロモーション（メディア・商業施設での催事）・人材確保まで一貫してサポート
- 飲食店の現地日系コンプレックスへの誘致支援・内外装に関する現地業者の紹介・人材確保など
- 日本企業の経営者様の永住権取得に向けた、法人設立支援と収益物件の紹介、住居手配など

■提供サービスの特徴

当社は、単なる法人設立や維持における手続きの支援サービスだけを提供する企業ではありません。シンガポールの「文化・習慣・特徴」を踏まえ、日本企業がシンガポールで日本流のビジネスを展開する際に、単にビジネスの環境構築や条件整備をするだけではなく、日本企業としての"売り"を保ちつつ「シンガポーリアナイズ（Singaporeanize）＝シンガポール化」することに自信を持っています。私達は日本の企業がシンガポールでいかにして利益を上げ、シンガポールをトリガーとしていかにアセアン全体に市場を拡大するかというところまでサポートすることをモットーとしています。特に中小企業様が、日本でお持ちのノウハウや実績・技術を活用し、シンガポールで成功するためには当社のようなシンガポールを熟知し、協業体制で臨める企業とのパートナーシップをおすすめしております。

■PRポイント

シンガポールにおいて白人富裕層向けの飲食店をオープンする際「郊外地区にキレイすぎない店舗を出店するべき」である理由が分かりますか。国際都市国家のシンガポールにおいて、日本と同じビジネスシンキングで進出をすると、思わぬところにハードルがあります。そこで大事なのは、シンガポールの「文化・習慣・特徴」をよく理解して、日本の高品質なサービスをいかにシンガポール化させ、現地の人たちに認知してもらうチャネル構築ができるかです。2016年には富裕層が40万人にまで膨れ上がり、12人に1人がお金持ちとなるシンガポールへ進出し、さらに今後のジャパンリスクを見据え、アセアンの巨大なマーケットへ進出していくことは、昨今の日本企業にとって必要不可欠ではないでしょうか。

FUJINAMI CONSTRUCTION CONSULTANT CO., LTD.

シンガポールで 31 年、ベトナムで 11 年の実績を誇る建築総合コンサルタント会社

■所在地・連絡先（現地）

住所	Golden Building, 9th Floor. 19 Tan Canh Street Ward 1. Tan binh district. HCMC
TEL	(84)8-3991-2952
FAX	(84)8-3991-2824
E-MAIL	michio@fujinami.vn
担当者	藤波　美知男

■提供サービス

- ☐ 進出支援サービス
- ☐ 税務・会計
- ☐ 法務・知的財産保護
- ☐ 人材支援
- ☐ 視察コーディネート
- ☐ オフィスサービス
- ☐ 不動産仲介
- ☐ オフショア開発
- ■ その他（建築設計（意匠、構造、設備）、積算、工事管理等のサービスを提供（建築総合コンサルタント業務））

■対応国

- ☐ フィリピン
- ☐ インドネシア
- ■ シンガポール
- ☐ マレーシア
- ■ ベトナム
- ☐ カンボジア
- ☐ ラオス
- ☐ タイ
- ☐ ミャンマー
- ☐ ブルネイ

■代表者プロフィール

藤波　美知男
FUJINAMI CONSTRUCTION CONSULTANT CO., LTD.　代表

1950年生まれの建築家。1973年芝浦工業大学を卒業後、中野組にて建築工事管理、設計管理などを担当。1985年FUJINAMIARCHITECTS&ASSOCIATESを設立し、シンガポールにて建築意匠設計、工事管理などに携わる。2001年にFUJINAMI CONSTRUCTION CONSULTANT CO., LTDを設立し、ベトナム建築コンサルタント会社も設立。シンガポール、ベトナムの建築士資格を有する。

■実績

シンガポールでは31年の実績があり、日系の工場に関しては100以上のプロジェクトを完工。(三菱ケミカルインフォニックス、NIDEC,KYOWA,DIC ALKYIPHENOL(S)、住友ベークライト、阪和アジア、OKUMA MACHINARY、ヤンマーアジア、SHOTIC、住友倉庫、MBSプラント、NACHI INDUSTRY,SANKYU(SINGAPORE) など。

ベトナムでは既に11年の実績を積んでおり、既に完工したプロジェクトは工場関係ですと、(VSIP-1) 正面入り口、VSIP標準型工場、EDSON INTERNATIONAL工場, KIAN JOO CAN工場、VIETNAM BOX PACK工場、CASAREDO家具工場、F&N VIETNAM工場、PROCEEDING工場、SHOWAグローブ日本人宿舎、ALLIED TECHNOLOGIES 工場（4棟）(SAIGON HIGH TECH PARK)、サンミゲル飲料工場（AMATA INDUSTRIAL PARK）があります。現在KSBポンプ工場、VINAKYOEI事務所棟が工事進行中です。また工場以外にもACB銀行の事務所ビル、高層事務所ビルを含め10プロジェクトが完工。またSAIGON COMMERCIAL銀行高層ビル、BMWカーショウルーム（HCM）も完工。それ以外にもハノイで23階高層混合ビルなどがあります。現在ACB銀行の高層事務所ビル6棟、MILITARY BANK22階事務所ビル、BMWカーショウルーム（ハノイ）が進行中です。基本的には建築コンセプトデザインからFEASIBILITY STUDYのお手伝い、申請業務、入札、そして施工管理まで一貫して行っています。

■提供サービスの特徴

当社は既にシンガポール、ベトナムで建築総合コンサルタント業務を行っています。ローカル建設業者の選定、工事管理も私どもの豊かな経験に基づき実施していくことができます。

また設計施工を考えられているお客様には、当社がパートナーを組んでいる信頼でき経験豊かなローカル工事業者とともにプロジェクトを遂行する体制があります。

特に限られた予算で工場を新築されたい方には大変お役に立つことと思っております。

■PRポイント

それぞれの国にはそれぞれの建築規制や規則があり、かつ建築許可申請の手続きも違います。全てを自分で行おうとする日本人をよく見ますが、お客様には得意とされているお仕事に専念され、他はプロに任し管理だけをするのが最良な方法と思っております。信頼のできるプロをご活用ください。当社はそのような信頼のできるプロの集団です。

JB LEGAL CONSULTANCY CO., LTD.

私達はカンボジア法のエキスパートです

■所在地・連絡先（現地）

住所	B-RAY TOWER (9th Floor), No.166, Norodom Blvd, Tonle Bassac, Chamkarmon, Phnom Penh, Cambodia
TEL	(855)23-640-5621
URL	www.jblcambodia.com
E-MAIL	info@jblcambodia.com
担当者	藪本　雄登 / 今江　里花

■提供サービス
- ■ 進出支援サービス
- ■ 税務・会計
- ■ 法務・知的財産保護
- ■ 人材支援
- ■ 視察コーディネート
- ■ オフィスサービス
- ■ 不動産仲介
- □ オフショア開発
- □ その他

■対応国
- □ フィリピン
- □ インドネシア
- □ シンガポール
- □ マレーシア
- □ ベトナム
- ■ カンボジア
- □ ラオス
- □ タイ
- □ ミャンマー
- □ ブルネイ

■代表者プロフィール

藪本　雄登
JB LEGAL CONSULTANCY CO., LTD.　代表取締役
[経歴]
2009年　米国・ボストン　留学（法律英語）
2010年　スイス・国際労働機関(ILO)　立法局研修
2011年　中央大学法学部　国際企業関係法学科首席卒業
現在　　JB LEGAL CONSULTANCY CO.,LTD代表
[専門]
国際法全般（国際労働法）、東南アジア法（カンボジア法）

■実績
＜取引実績一覧＞
- 大手金融機関　様
- 大手物流会社　様
- 大手機械製造・販売メーカー　様
- 食品輸入会社　様
- 美容サロン　様
- 不動産仲介会社　様

以上のように業種問わず、会社設立支援や契約書作成支援サービスなど多数実績が御座います。

■提供サービスの特徴
1　現地日本人専門家が対応
現地日本人専門家・現地スタッフ（日本語対応可能）が日本語にて対応致します。

2　カンボジア唯一の日系法務コンサルティング会社
カンボジアでの弁護士の検討・選定作業は非常に難しい場面があります。当社は大手から中小規模まで、多くの現地法律事務所とのネットワークを持っております。
ご要望やご予算に応じ、現地弁護士や専門家の選定、通訳及び翻訳業務などを通じ、貴社の進出計画をサポート致します。

3　現地弁護士及び専門家との協力の上、数多くの案件を実施
その経験に基づき、貴社の進出を法務面から全力でサポート致します。

■PRポイント
カンボジアという新興国でビジネスを行う際には、法や文化慣習の違い等に伴い、様々な問題が生じる可能性があります。当社では、カンボジア現地の弁護士や専門家と連携し、カンボジアでの法人設立、契約書作成など、法律的な観点から日系企業のカンボジア進出をサポート致します。

特に、カンボジアでは法律とその運用の間に大きな隔たりがあります。また、業種によっては法律の適用例外が政令等に定められているケースもあります。例えば、税金に関する規定及び運用は複雑であり、税務局担当者の裁量によるところが大きく、進出にあたっては事前に現地専門家に十分確認することをお薦めします。また実際に手続きを開始してから税金や政府への申請費用が予想以上に高くつき、想定予算を簡単に超えてしまう企業が多いのも現状です。豊富な労働力や安い人件費だけではなく、法律と実際の運用を確認することが、カンボジア進出成功への鍵になると感じています。

ミャンマーポールスター　トラベル&ツアーズ

観光を通してミャンマーと日本の活発な交流を目指す

■所在地・連絡先

住所（日本） 静岡県静岡市葵区昭和町 2-2 昭和町 SIA ビル 3 階
TEL 054-266-6631 / **FAX** 054-266-6632 / **URL** http://www.myanmarpolestar.com
E-MAIL tamiya@myanmarpolster.com / **担当者** 田宮　みどり

住所（現地） Room No.508,5th Floor,La Pyayt Wun Plaza,No.34 Alanpya Pagoda Road,Dagon Township,Yangon Township,Yangon,Union of Myanmar.
TEL (95)1-382530,393190,255638 / **FAX** (95)1-382530 / **URL** http://www.myanmarpolestar.com
E-MAIL md@myanmarpolestar.com,aunglinhtin@myanmarpolestar.com,ope3@myanmarpolestar.com / **担当者** Kyaw Min Htin(Mr)

■提供サービス

- ☐ 進出支援サービス
- ☐ 税務・会計
- ☐ 法務・知的財産保護
- ☐ 人材支援
- ■ 視察コーディネート
- ☐ オフィスサービス
- ■ 不動産仲介
- ☐ オフショア開発
- ■ その他（ミャンマーへの観光でホテル予約手配、Air Ticket の手配（国際＋国内）、ガイドの手配、ビジネス視察ツアーでの通訳手配、専用車手配、アラバルビザの手配他）

■対応国

- ☐ フィリピン
- ☐ インドネシア
- ☐ シンガポール
- ☐ マレーシア
- ☐ ベトナム
- ☐ カンボジア
- ☐ ラオス
- ☐ タイ
- ■ ミャンマー
- ☐ ブルネイ

■代表者プロフィール

Kyaw Min Htin(Mr)（チョーミンティン）
ミャンマーポールスター　トラベル&ツアーズ　取締役社長
1972 年生まれ、Yangon 大学卒業・国立一橋大学にて MBA を取得。2000 年 3 月、ミャンマーポールスター　トラベル&ツアーズ設立。2004 年、BETTER LIFE Education & Career（語学学校・人材育成）開校。2012 年 2 月、ポールスター・オートセンター設立。2012 年 7 月、ミャンマーの旅行社初の日本（静岡市）に事務所設立。

■実績

- ミャンマー観光客ツアーの受入れ（募集型ツアー・FIT）
- ミャンマービジネス客の受入れ（視察場所情報提供・アポイント・交渉等）
- ミャンマーより語学留学生派遣

■提供サービスの特徴

観光を通じてミャンマーと日本の間に活発な交流が行われるよう努力しております。

旅行産業はサービス産業であり、目には見えないサービスを購入して頂く皆様にご満足頂くために下記の5つの理念を掲げております。

1. 信頼性（reliability）約束されたことを確実かつ正確に提供する能力
2. 反応性（responsiveness）積極的、迅速に顧客の求めに応じる行動性
3. 確信性（assurance）従業員の業務知識や技能と顧客に対する礼儀
4. 共感性（empathy）従業員が示す顧客への個人的な配慮やケア
5. 物的要素（tangibles）建物の外観、室内の造り、従業員の服装など

■PRポイント

当社は2000年3月に設立しました。社歴は僅か5年ですが、ミャンマーの観光産業が開かれた1992年から観光産業に携わっている経験豊富なスタッフで構成されています。社員一人一人に専門意識を持つ意欲がありお客様を満足させる能力に長けていると自負しております。当社は観光を通してミャンマーと日本の活発な交流が行われる事を願っております。

これから世界の旅行業界が注目するのはエコツーリズムではないかと考えており、ミャンマーでは文化財や自然が多く残っているため、観光開発によって自然や環境が壊されない様に取り組んでいきたいと考えています。また観光開発による公害問題などが生じない様に観光保全を考えながら持続可能な開発を進めていきたいと願っています。地元の人々に利益を還元することにも重視するのが当社の理念です。

人はみな人との繋がりで生きています。ミャンマーも然りです。当社及び社長のチョーミンティン、部長のアウンリンティンは他の旅行社にはない強い人脈・パイプ（政府筋・官庁関係・商工会議所・寺院・企業・病院・学校等）を持っています。その人脈がお客様のお役に立つよう取り組んでいます。

索引　提供サービス別

■進出支援サービス

NAC 国際会計グループ	30
ヒューマンリソシア株式会社	32
J-SAT Consulting Co.,Ltd.	34
Brain Works Asia Co.,Ltd.	38
優成監査法人／優成アドバイザリー株式会社	42
A.I.Network(Thailand)Co.,Ltd.	46
ジー・エー・コンサルタンツ株式会社	50
AMZ Group	52
Nhat Tinh Viet Joint Stock Company	56
Matching & RelationShip Consulting Co.,Ltd.	58
Indonesia Research Institute Japan Co.,Ltd.	60
BECAMEX IDC CORP.	64
フィリピン和僑総研	68
株式会社アセンティア・ホールディングス／Assentia Holdings Pte.Ltd.	70
ASSET PREMIER - Asia Network Research Sdn. Bhd.	74
株式会社ジャパン・ファームプロダクツ	76
ASEAN JAPAN CONSULTING Co.,Ltd.	78
Prime Business Consultancy Pte Ltd.（プライムビジネスコンサルタンシー株式会社）	80
UTAKA CPA Office ／ TFS 国際税理士法人	82
ISAMI Myanmar International Co.,Ltd.	86
グローバルイノベーションコンサルティング株式会社	88
PAN ASIA Co.,Ltd.	92
ラジャ・タン法律事務所（Rajah & Tann LLP）	94
SOLPAC（Thailand）Co.,Ltd.	96
MUTO MANAGEMENT ACCOMPANY VIETNAM CO., LTD.（MMAV）	98
東稔企画株式会社	100
Go Asia Offices Pte. Ltd(Go Asia Offices. Com)	102
MOTHER BRAIN (THAILAND) CO., LTD.	104
株式会社 RESORZ	106
Nakai・Tam International Accounting Office	110
SkyLimited 株式会社	112
LCT Lawyers	114
KURATA PEPPER Co., Ltd.	116
PT. JAKARTA DENSHI	118
iCube, Inc.（アイキューブ）	120
CENTRASIA PARTNERS Pte. Ltd.（セントレイジアパートナーズ）	122
JB LEGAL CONSULTANCY CO., LTD.	126

■税務・会計

NAC 国際会計グループ	30
優成監査法人／優成アドバイザリー株式会社	42
A.I.Network(Thailand)Co.,Ltd.	46
AMZ Group	52
BECAMEX IDC CORP.	64
フィリピン和僑総研	68
株式会社アセンティア・ホールディングス／Assentia Holdings Pte.Ltd.	70
株式会社ジャパン・ファームプロダクツ	76
ASEAN JAPAN CONSULTING Co.,Ltd.	78
UTAKA CPA Office ／ TFS 国際税理士法人	82
グローバルイノベーションコンサルティング株式会社	88
ラジャ・タン法律事務所（Rajah & Tann LLP）	94
MUTO MANAGEMENT ACCOMPANY VIETNAM CO., LTD.（MMAV）	98
MOTHER BRAIN (THAILAND) CO., LTD.	104
株式会社 RESORZ	106
Nakai・Tam International Accounting Office	110
SkyLimited 株式会社	112
LCT Lawyers	114
KURATA PEPPER Co., Ltd.	116
iCube, Inc.（アイキューブ）	120
CENTRASIA PARTNERS Pte. Ltd.（セントレイジアパートナーズ）	122
JB LEGAL CONSULTANCY CO., LTD.	126

■法務・知的財産保護

A.I.Network(Thailand)Co.,Ltd.	46
AMZ Group	52
黒田法律事務所・黒田特許事務所	62
BECAMEX IDC CORP.	64
フィリピン和僑総研	68
ラジャ・タン法律事務所（Rajah & Tann LLP）	94
東稔企画株式会社	100
MOTHER BRAIN (THAILAND) CO., LTD.	104

索引

株式会社 RESORZ	106
LCT Lawyers	114
KURATA PEPPER Co., Ltd.	116
PT. JAKARTA DENSHI	118
iCube, Inc.（アイキューブ）	120
JB LEGAL CONSULTANCY CO., LTD.	126

■人材支援

ヒューマンリソシア株式会社	32
J-SAT Consulting Co.,Ltd.	34
Brain Works Asia Co.,Ltd.	38
ソルバーネットワーク株式会社	48
ジー・エー・コンサルタンツ株式会社	50
AMZ Group	52
Nhat Tinh Viet Joint Stock Company	56
Matching & RelationShip Consulting Co.,Ltd.	58
BECAMEX IDC CORP.	64
フィリピン和僑総研	68
株式会社アセンティア・ホールディングス／	
Assentia Holdings Pte.Ltd.	70
株式会社ジャパン・ファームプロダクツ	76
ASEAN JAPAN CONSULTING Co.,Ltd.	78
Prime Business Consultancy Pte Ltd	
（プライムビジネスコンサルタンシー株式会社）	80
グローバルイノベーションコンサルティング株式会社	88
SOLPAC（Thailand）Co.,Ltd.	96
東桧企画株式会社	100
株式会社 RESORZ	106
LCT Lawyers	114
PT. JAKARTA DENSHI	118
CENTRASIA PARTNERS Pte. Ltd.	
（セントレイジアパートナーズ）	122
JB LEGAL CONSULTANCY CO., LTD.	126

■視察コーディネート

ヒューマンリソシア株式会社	32
J-SAT Consulting Co.,Ltd.	34
Brain Works Asia Co.,Ltd.	38
優成監査法人／優成アドバイザリー株式会社	42
ジー・エー・コンサルタンツ株式会社	50

AMZ Group	52
Nhat Tinh Viet Joint Stock Company	56
Matching & RelationShip Consulting Co.,Ltd.	58
Indonesia Research Institute Japan Co.,Ltd.	60
フィリピン和僑総研	68
株式会社アセンティア・ホールディングス／	
Assentia Holdings Pte.Ltd.	70
ASSET PREMIER - Asia Network Research Sdn. Bhd.	74
株式会社ジャパン・ファームプロダクツ	76
ASEAN JAPAN CONSULTING Co.,Ltd.	78
Prime Business Consultancy Pte Ltd	
（プライムビジネスコンサルタンシー株式会社）	80
UTAKA CPA Office／TFS 国際税理士法人	82
ISAMI Myanmar International Co.,Ltd.	86
グローバルイノベーションコンサルティング株式会社	88
PAN ASIA Co.,Ltd.	92
MUTO MANAGEMENT ACCOMPANY VIETNAM	
CO., LTD.（MMAV）	98
東桧企画株式会社	100
株式会社 RESORZ	106
LCT Lawyers	114
KURATA PEPPER Co., Ltd.	116
CENTRASIA PARTNERS Pte. Ltd.	
（セントレイジアパートナーズ）	122
JB LEGAL CONSULTANCY CO., LTD.	126
ミャンマーポールスター　トラベル＆ツアーズ	128

■オフィスサービス

Brain Works Asia Co.,Ltd.	38
AMZ Group	52
Nhat Tinh Viet Joint Stock Company	56
Indonesia Research Institute Japan Co.,Ltd.	60
BECAMEX IDC CORP.	64
サイボウズ株式会社	66
フィリピン和僑総研	68
株式会社アセンティア・ホールディングス／	
Assentia Holdings Pte.Ltd.	70
PT.INDONUSA COMPUTER SYSTEM	72
Prime Business Consultancy Pte Ltd	
（プライムビジネスコンサルタンシー株式会社）	80

グローバルイノベーションコンサルティング株式会社	88
東稔企画株式会社	100
Go Asia Offices Pte. Ltd.(Go Asia Offices. Com)	102
株式会社 RESORZ	106
LCT Lawyers	114
iCube, Inc.（アイキューブ）	120
CENTRASIA PARTNERS Pte. Ltd.	
（セントレイジアパートナーズ）	122
JB LEGAL CONSULTANCY CO., LTD.	126

■不動産仲介

AMZ Group	52
Matching & RelationShip Consulting Co.,Ltd.	58
Indonesia Research Institute Japan Co.,Ltd.	60
フィリピン和僑総研	68
株式会社アセンティア・ホールディングス／	
Assentia Holdings Pte.Ltd.	70
ASSET PREMIER - Asia Network Research Sdn. Bhd.	74
株式会社ジャパン・ファームプロダクツ	76
ISAMI Myanmar International Co.,Ltd.	86
グローバルイノベーションコンサルティング株式会社	88
PAN ASIA Co.,Ltd.	92
Go Asia Offices Pte. Ltd.(Go Asia Offices. Com)	102
株式会社 RESORZ	106
iCube, Inc.（アイキューブ）	120
CENTRASIA PARTNERS Pte. Ltd.	
（セントレイジアパートナーズ）	122
JB LEGAL CONSULTANCY CO., LTD.	126
ミャンマーポールスター　トラベル＆ツアーズ	128

■オフショア開発

FUJI COMPUTER NETWORK CO., LTD. (FUJINET)	44
フィリピン和僑総研	68
Asia ICT Service JSC	84
グローバルイノベーションコンサルティング株式会社	88
SOLPAC（Thailand）Co.,Ltd.	96
株式会社 RESORZ	106
LCT Lawyers	114
PT. JAKARTA DENSHI	118

■その他

ヒューマンリソシア株式会社	32
Harmony Life International Co., Ltd.	36
Brain Works Asia Co.,Ltd.	38
株式会社エイジア	40
優成監査法人／優成アドバイザリー株式会社	42
A.I.Network(Thailand)Co.,Ltd.	46
ジー・エー・コンサルタンツ株式会社	50
AMZ Group	52
インターナショナルエクスプレス株式会社	54
Nhat Tinh Viet Joint Stock Company	56
Matching & RelationShip Consulting Co.,Ltd.	58
Indonesia Research Institute Japan Co.,Ltd.	60
BECAMEX IDC CORP.	64
サイボウズ株式会社	66
フィリピン和僑総研	68
株式会社アセンティア・ホールディングス／	
Assentia Holdings Pte.Ltd.	70
PT.INDONUSA COMPUTER SYSTEM	72
ASSET PREMIER - Asia Network Research Sdn. Bhd.	74
株式会社ジャパン・ファームプロダクツ	76
ASEAN JAPAN CONSULTING Co.,Ltd.	78
Asia ICT Service JSC	84
ISAMI Myanmar International Co.,Ltd.	86
グローバルイノベーションコンサルティング株式会社	88
ATLAS TRADING & PROPERTY (THAILAND) CO.,LTD.	90
PAN ASIA Co.,Ltd.	92
MUTO MANAGEMENT ACCOMPANY VIETNAM	
CO., LTD.（MMAV）	98
東稔企画株式会社	100
Go Asia Offices Pte. Ltd(Go Asia Offices. Com)	102
株式会社 RESORZ	106
株式会社コーデック	108
KURATA PEPPER Co., Ltd.	116
iCube, Inc.（アイキューブ）	120
CENTRASIA PARTNERS Pte. Ltd.	
（セントレイジアパートナーズ）	122
FUJINAMI CONSTRUCTION CONSULTANT CO., LTD.	124
ミャンマーポールスター　トラベル＆ツアーズ	128

索引　　　　　　　　　　　　　　　　　　対応国別

■フィリピン

NAC 国際会計グループ ……………………… 30
Harmony Life International Co., Ltd. ……………… 36
優成監査法人／優成アドバイザリー株式会社…… 42
A.I.Network(Thailand)Co.,Ltd. ………………… 46
インターナショナルエクスプレス株式会社……… 54
フィリピン和僑総研………………………… 68
株式会社アセンティア・ホールディングス／
　Assentia Holdings Pte.Ltd. …………………… 70
Prime Business Consultancy Pte Ltd
　（プライムビジネスコンサルタンシー株式会社）… 80
グローバルイノベーションコンサルティング株式会社… 88
ラジャ・タン法律事務所（Rajah & Tann LLP）… 94
Go Asia Offices Pte. Ltd.(Go Asia Offices. Com) … 102
株式会社 RESORZ ………………………… 106
iCube, Inc.（アイキューブ）………………… 120

■インドネシア

NAC 国際会計グループ ……………………… 30
ヒューマンリソシア株式会社………………… 32
Harmony Life International Co., Ltd. ……………… 36
Brain Works Asia Co.,Ltd. ……………………… 38
優成監査法人／優成アドバイザリー株式会社…… 42
インターナショナルエクスプレス株式会社……… 54
Indonesia Research Institute Japan Co.,Ltd. ……… 60
黒田法律事務所・黒田特許事務所………………… 62
サイボウズ株式会社………………………… 66
株式会社アセンティア・ホールディングス／
　Assentia Holdings Pte.Ltd. …………………… 70
PT.INDONUSA COMPUTER SYSTEM ………… 72
Prime Business Consultancy Pte Ltd
　（プライムビジネスコンサルタンシー株式会社）… 80
ラジャ・タン法律事務所（Rajah & Tann LLP）… 94
Go Asia Offices Pte. Ltd.(Go Asia Offices. Com) … 102
株式会社 RESORZ ………………………… 106
PT. JAKARTA DENSHI ……………………… 118

■シンガポール

NAC 国際会計グループ ……………………… 30

Harmony Life International Co., Ltd. ……………… 36
Brain Works Asia Co.,Ltd. ……………………… 38
優成監査法人／優成アドバイザリー株式会社…… 42
A.I.Network(Thailand)Co.,Ltd. ………………… 46
インターナショナルエクスプレス株式会社……… 54
サイボウズ株式会社………………………… 66
株式会社アセンティア・ホールディングス／
　Assentia Holdings Pte.Ltd. …………………… 70
Prime Business Consultancy Pte Ltd
　（プライムビジネスコンサルタンシー株式会社）… 80
ラジャ・タン法律事務所（Rajah & Tann LLP）… 94
Go Asia Offices Pte. Ltd.(Go Asia Offices. Com) … 102
株式会社 RESORZ ………………………… 106
CENTRASIA PARTNERS Pte. Ltd.
　（セントレイジアパートナーズ）…………… 122
FUJINAMI CONSTRUCTION CONSULTANT CO., LTD. … 124

■マレーシア

NAC 国際会計グループ ……………………… 30
Harmony Life International Co., Ltd. ……………… 36
Brain Works Asia Co.,Ltd. ……………………… 38
株式会社エイジア…………………………… 40
優成監査法人／優成アドバイザリー株式会社…… 42
A.I.Network(Thailand)Co.,Ltd. ………………… 46
インターナショナルエクスプレス株式会社……… 54
サイボウズ株式会社………………………… 66
株式会社アセンティア・ホールディングス／
　Assentia Holdings Pte.Ltd. …………………… 70
ASSET PREMIER - Asia Network Research Sdn. Bhd.… 74
Prime Business Consultancy Pte Ltd
　（プライムビジネスコンサルタンシー株式会社）… 80
ラジャ・タン法律事務所（Rajah & Tann LLP）… 94
東稔企画株式会社…………………………… 100
Go Asia Offices Pte. Ltd.(Go Asia Offices. Com) … 102
株式会社 RESORZ ………………………… 106

■ベトナム

NAC 国際会計グループ ……………………… 30
ヒューマンリソシア株式会社………………… 32
Harmony Life International Co., Ltd. ……………… 36

Brain Works Asia Co.,Ltd.	38
株式会社エイジア	40
優成監査法人／優成アドバイザリー株式会社	42
FUJI COMPUTER NETWORK CO., LTD. (FUJINET)	44
A.I.Network(Thailand)Co.,Ltd.	46
ソルバーネットワーク株式会社	48
ジー・エー・コンサルタンツ株式会社	50
インターナショナルエクスプレス株式会社	54
Nhat Tinh Viet Joint Stock Company	56
BECAMEX IDC CORP.	64
サイボウズ株式会社	66
株式会社アセンティア・ホールディングス／Assentia Holdings Pte.Ltd.	70
Prime Business Consultancy Pte Ltd（プライムビジネスコンサルタンシー株式会社）	80
Asia ICT Service JSC	84
ATLAS TRADING & PROPERTY (THAILAND) CO.,LTD.	90
PAN ASIA Co.,Ltd.	92
ラジャ・タン法律事務所（Rajah & Tann LLP）	94
SOLPAC（Thailand）Co.,Ltd.	96
MUTO MANAGEMENT ACCOMPANY VIETNAM CO., LTD. (MMAV)	98
Go Asia Offices Pte. Ltd.(Go Asia Offices. Com)	102
株式会社 RESORZ	106
株式会社コーデック	108
Nakai・Tam International Accounting Office	110
LCT Lawyers	114
FUJINAMI CONSTRUCTION CONSULTANT CO., LTD.	124

■カンボジア

NAC 国際会計グループ	30
Harmony Life International Co., Ltd.	36
Brain Works Asia Co.,Ltd.	38
優成監査法人／優成アドバイザリー株式会社	42
インターナショナルエクスプレス株式会社	54
株式会社ジャパン・ファームプロダクツ	76
UTAKA CPA Office ／ TFS 国際税理士法人	82
ラジャ・タン法律事務所（Rajah & Tann LLP）	94
Go Asia Offices Pte. Ltd.(Go Asia Offices. Com)	102
株式会社 RESORZ	106

SkyLimited 株式会社	112
KURATA PEPPER Co., Ltd.	116
JB LEGAL CONSULTANCY CO., LTD.	126

■ラオス

Harmony Life International Co., Ltd.	36
Brain Works Asia Co.,Ltd.	38
AMZ Group	52
Nhat Tinh Viet Joint Stock Company	56
ラジャ・タン法律事務所（Rajah & Tann LLP）	94
株式会社 RESORZ	106

■タイ

NAC 国際会計グループ	30
Harmony Life International Co., Ltd.	36
Brain Works Asia Co.,Ltd.	38
株式会社エイジア	40
優成監査法人／優成アドバイザリー株式会社	42
A.I.Network(Thailand)Co.,Ltd.	46
ソルバーネットワーク株式会社	48
インターナショナルエクスプレス株式会社	54
Matching & RelationShip Consulting Co.,Ltd.	58
サイボウズ株式会社	66
株式会社アセンティア・ホールディングス／Assentia Holdings Pte.Ltd.	70
ASEAN JAPAN CONSULTING Co.,Ltd.	78
Prime Business Consultancy Pte Ltd（プライムビジネスコンサルタンシー株式会社）	80
ISAMI Myanmar International Co.,Ltd.	86
ATLAS TRADING & PROPERTY (THAILAND) CO.,LTD.	90
ラジャ・タン法律事務所（Rajah & Tann LLP）	94
SOLPAC（Thailand）Co.,Ltd.	96
MUTO MANAGEMENT ACCOMPANY VIETNAM CO., LTD. (MMAV)	98
Go Asia Offices Pte. Ltd(Go Asia Offices. Com)	102
MOTHER BRAIN (THAILAND) CO., LTD.	104
株式会社 RESORZ	106

■ミャンマー

NAC 国際会計グループ	30

索引

J-SAT Consulting Co.,Ltd. …………………………… 34
Harmony Life International Co., Ltd. ……………… 36
Brain Works Asia Co.,Ltd. …………………………… 38
A.I.Network(Thailand)Co.,Ltd. ……………………… 46
インターナショナルエクスプレス株式会社……… 54
Prime Business Consultancy Pte Ltd.
　（プライムビジネスコンサルタンシー株式会社）… 80
ISAMI Myanmar International Co.,Ltd. …………… 86
グローバルイノベーションコンサルティング株式会社 … 88
ATLAS TRADING & PROPERTY (THAILAND) CO.,LTD. … 90
ラジャ・タン法律事務所（Rajah & Tann LLP） … 94
株式会社 RESORZ ……………………………………… 106
ミャンマーポールスター　トラベル＆ツアーズ… 128

■ブルネイ

優成監査法人／優成アドバイザリー株式会社…… 42
ラジャ・タン法律事務所（Rajah & Tann LLP） … 94
株式会社 RESORZ ……………………………………… 106

■その他

A.I.Network(Thailand)Co.,Ltd. ……………………… 46
株式会社 RESORZ ……………………………………… 106

135

著者プロフィール
ブレインワークス（http://www.bwg.co.jp）

経営革新、情報共有化、セキュリティ支援、アウトソーシング、社員教育など幅広いメニューを用意し、中堅・中小企業、ベンチャー企業のあらゆる経営課題を解決に導く"お助けマン"。企業支援のモットーは『ペースメーキング』。自らが実践者であり続けながら、支援企業とともに走り、ゴールを目指す。近年はブレインワークスグループとして、アジア各地の企業をつなぐブリッジサービスを展開中。ベトナムでは14年前から拠点を構え、日系企業のみならず、ベトナムローカル企業向けのサービスを提供。また、ベトナムだけにとどまらず、カンボジア、ミャンマー、インドネシア、シンガポールなど、メコン・アセアン地域において活動中。創業以来、日本とアジアをつなぐアグリビジネスにも精力的に取り組んでいる。

アジアビジネスベストパートナー　ASEAN編　2012～2013年度

2012年11月15日［初版第1刷発行］

編　　　著	ブレインワークス
発 行 人	佐々木紀行
発 行 所	株式会社カナリア書房
	〒141-0031　東京都品川区西五反田6-2-7 ウエストサイド五反田ビル3F
	TEL　03-5436-9701　FAX　03-3491-9699
	http://www.canaria-book.com/
印 刷 所	モリモト印刷株式会社
編集協力	株式会社コンテンツブレイン
装　　丁	新藤昇
Ｄ Ｔ Ｐ	伏田光宏（F's factory）

©Brain Works 2012, Printed in Japan
ISBN978-4-7782-0233-0 C0034

定価はカバーに表示してあります。乱丁・落丁本がございましたらお取り替えいたします。カナリア書房あてにお送りください。
本書の内容の一部あるいは全部を無断で複製複写（コピー）することは、著作権上の例外を除き禁じられています。